ÉDITIONS DU DÉTOUR

Le pouvoir, le bonheur, le climat

Le désarroi des cadres

Laurent Polet

À Asma, pour l'inspiration.

À Antoine et Simon, pour inspiration.

30, rue Buchou, 33800 Bordeaux.
www.editionsdudetour.com

Diffusion : CDE — distribution : Sodis.

Conception graphique : Richard Cousin — yumyum.fr
Correction ortho-typographique : Valérie Tougard.

Illustration de couverture : Loïc Sécheresse.

ISBN : 978-2-38532-020-1.
Dépôt légal : mai 2023.
N° d'impression : 2071269.
Imprimé en France par CPI Bussière.

Le diplôme : du mythe à la réalité

FAIRE DES ÉTUDES serait aujourd'hui la condition de réussite professionnelle et sociale. En France, le diplôme est une valeur sacrée. De fait, chaque année, l'époque des vœux des lycéens pour choisir leur orientation post-bac est un moment solennel. Auparavant, il y avait APB ; aujourd'hui, c'est Parcoursup ; demain, peut-être encore un autre système de sélection, mais depuis des décennies, l'étape des choix de filières académiques occasionne un stress national pour tous nos futurs étudiants avides d'accéder au métier de leur rêve ou d'entrer dans les écoles les plus prestigieuses. Ainsi, l'engouement pour suivre des études, les plus longues possibles, ne se dément pas avec le temps. Il faut dire que la promesse attachée à un diplôme du supérieur a de quoi séduire les étudiants comme elle rassure les parents. Être diplômé d'une licence, et mieux encore d'un master, serait le graal pour accéder à un travail épanouissant et échapper ainsi aux emplois peu ou pas qualifiés laborieux, sans intérêt, voire précaires. Ceux qui ont fait des études se prémunissent donc d'une vie professionnelle incertaine. Ils peuvent prétendre à des métiers intellectuels, considérés comme moins pénibles, dans lesquels ils assumeront des responsabilités stimulantes qui leur permettront d'avoir alors des perspectives d'évolution. Mieux, le diplôme signifie également de bénéficier de conditions sociales avantageuses, associées au sacro-saint statut « cadre ». C'est pourquoi, pour toutes ces raisons, les diplômes seraient la voie toute tracée pour faire une belle carrière…

Mais, derrière ces représentations collectives se cachent des réalités moins heureuses. Ces élites intellectuelles, que nous appellerons ainsi dans cet ouvrage car elles ont pour particularité de travailler « avec leur cerveau », n'auraient plus la certitude de connaître une parfaite sérénité professionnelle. Face aux responsabilités, on parle désormais de stress et de pression, voire de mal-être. L'équilibre entre la vie professionnelle et la vie privée est aujourd'hui profondément perturbé quand la première fait intrusion dans la seconde. Les mutations techniques accélérées auraient pour effet de mettre au chômage des cadres plus expérimentés, considérés comme inaptes aux nouvelles technologies. Dans le même temps, des mouvements protestataires se manifestent chez des étudiants tout juste sortis de leurs études, critiquant ouvertement les destins professionnels pour lesquels ils se sont formés. Chez les plus jeunes mais également chez leurs aînés, on assiste même à des reconversions radicales pour renoncer à exercer un travail qui participerait à entretenir la crise climatique. Ainsi, aujourd'hui, ceux qui pouvaient prétendre au bonheur dans leur travail grâce à des emplois intéressants et bien rémunérés, se révoltent. Comment en sommes-nous parvenus à un tel paradoxe quand ceux qui ont le plus d'atouts sur le marché du travail clament la perte de sens de leur vie professionnelle ?

Rien ne va plus au pays des cadres ! Quoiqu'encore marginales en proportion de la population totale des diplômés du supérieur, ces manifestations qui s'apparentent à des formes de désobéissance civile méritent de prendre de la hauteur pour en comprendre les racines profondes. Elles sont la partie visible de bouleversements systémiques. D'autres signaux, moins connus du grand public, témoignent avec la même évidence de l'effondrement des repères ancestraux qui dessinaient jusqu'à présent toute carrière d'une profession hyperqualifiée. Des tendances convergentes démontrent que la situation sociale comme professionnelle des lauréats des grandes écoles et universités devient moins protectrice, moins sereine et moins confortable qu'auparavant. La nature de leurs responsabilités se transforme, leurs sources de satisfaction sont fragilisées, et leurs contributions à la société sont mises en doute. Nous le savons : ces élites n'ont pas démérité, elles ont travaillé dur pour accéder à des diplômes qui leur préparaient une carrière « royale », mais voici que le malaise s'installe pour tous ces cadres qui, du fait du développement de l'enseignement supérieur, représentent de surcroît aujourd'hui une part croissante de la population active française. C'est pour comprendre ces mouvements que cet ouvrage se consacre à ceux qui furent les bons élèves du système scolaire et à leur nouveau rapport au travail dans une société en pleine mutation.

Nous décrirons ce visage parfois méconnu de cette élite discrète puisque la grande majorité sont des anonymes du monde économique et institutionnel. Du fait de leurs dispositions intellectuelles, ces profils « bardés de diplômes » occupent en effet des niveaux de responsabilité importants dans nos organisations, privées comme publiques, mais seule une infime minorité accède aux plus hauts postes du pouvoir économique ou institutionnel. Il n'en reste pas moins qu'ils exercent un réel pouvoir. Le développement de la mondialisation, l'accélération des innovations technologiques, jusqu'aux influences géopolitiques, résultent en partie du travail de ces diplômés. Ils disposent d'une influence incontestable sur la vie de nos économies et sur la société civile. De fait, ces têtes bien faites sont particulièrement courtisées par le monde du travail qui se complexifie et appelle aujourd'hui un besoin accru de compétences pointues. Mais, ce faisant, l'implication de ces profils conceptuels et rationnels dans les arcanes de nos organisations interdépendantes va également participer aux dérives provoquées par ces mêmes mutations, telles que les déséquilibres sociaux ou les dérèglements climatiques. Jusqu'à ce stade où, tel un paradoxe, ces fidèles lieutenants, souvent alliés du pouvoir, seront désormais eux-mêmes les victimes de ces dérives. C'est le point de départ des désillusions que nous allons pointer. Car, derrière la façade des aspirations à la quête de sens largement relayées par la presse, c'est tout le désarroi de jeunes diplômés et de leurs aînés qui seront décrits dans cet ouvrage. Nous découvririons ce dilemme grandissant d'une classe intellectuelle largement désabusée par un travail dans lequel elle ne se reconnaît plus, et qui l'épuise plus qu'il ne l'épanouit. Cet ouvrage aidera dès lors à déconstruire toutes ces représentations ancrées dans notre inconscient collectif sur leurs conditions de travail, dont il analysera sans complaisance les contradictions ; une compréhension sans laquelle aucune perspective ne peut être esquissée. Nous sommes face à un moment de mutation majeur de la place des plus diplômés dans cette sphère économique où ils tiennent un rôle de plus en plus prépondérant. L'objectif ultime de cet ouvrage est alors d'aider ces « têtes bien faites » à prendre conscience de leur pouvoir, et d'apporter un regard inspirant sur les conditions qui permettront à ces citoyens de s'éveiller.

Un poste d'observation privilégié

Exprimer d'où je parle me semble nécessaire pour comprendre autant la genèse que la finalité de cet essai. Issus d'un milieu modeste, mes parents n'avaient pas eu la chance de pouvoir poursuivre des études. Mon parcours scolaire fut plutôt facile, suffisamment du moins pour que les classes préparatoires scientifiques soient la voie naturelle après le baccalauréat, parce que « tu pourras choisir après », me disait-on alors... C'est ainsi que j'ai intégré une grande école d'ingénieur, l'école Centrale Paris. Ma vie professionnelle fut dès lors nettement influencée par ce diplôme, même si le niveau d'abstraction de ces études m'avait finalement peu emballé. Cette influence a commencé dès mon premier poste, car j'ai pu réaliser mon projet de l'époque : me consacrer à la protection de l'environnement, dans un milieu qui pourtant recrutait alors encore peu d'ingénieurs. C'est d'ailleurs sans doute parce que ce secteur était peu habitué à mon profil que j'ai pu accéder très rapidement à des fonctions de management « de terrain », comme on dit ! Ce métier m'a pleinement satisfait sur le plan professionnel. L'évolution qui a suivi, durant près de vingt années, fut alors linéaire et verticale, me permettant d'accéder à des responsabilités de plus en plus « managériales ». Durant ces années, j'ai eu la chance de côtoyer des univers professionnels variés, de petites agences régionales à des grands projets chez des majors français internationaux, en passant par l'univers des PME.

Quelle fut l'influence de mon diplôme au bout de vingt ans ? C'est impossible à définir. Pourtant, voici qu'un jour, par le hasard des réseaux que développe en partie l'appartenance à cette communauté des anciens d'une école, il m'a été permis de réaliser un rêve d'enfance : enseigner. Ma chance fut de l'exercer sur un sujet qui me passionne : le management. Ainsi, l'ironie de cette histoire me ramènera seize ans plus tard sur le campus de mon ancienne école, cette fois en qualité de professeur vacataire. Je découvre alors un nouvel environnement, celui de l'enseignement supérieur et des grandes écoles, qui me permettra d'observer ce monde de l'intérieur. Cette opportunité, et la fonction de directeur pédagogique en management que j'occupe depuis 2009 avec le même plaisir, fut le déclencheur de ma reconversion professionnelle. Car, après quelques étapes délicates de transition de vie dont le chômage a fait partie, je quittais le monde confortable des grands groupes, et je décidais de m'associer avec ma compagne pour créer ma propre entreprise de formation, l'école Primaveras. Au vu de mes héritages familiaux et de mon diplôme, devenir entrepreneur, avec tous les risques que cela supposait par rapport au salariat, était un scénario improbable. Cette expérience m'a ouvert cependant un horizon qui m'était inconnu, celui de l'entrepreneuriat, favorisant des rencontres avec un écosystème radicalement étranger aux codes auxquels m'avaient formaté mes fonctions opérationnelles dans les grandes entreprises.

Ces étapes m'ont donné la faculté de comprendre de l'intérieur ces transformations de notre monde du travail que vivent les cadres. Je les détecte dans les interactions avec mes étudiants et jeunes diplômés des grandes écoles. Je les entends dans les échanges avec les cadres qui participent aux programmes délivrés par mon école spécialisée dans l'accompagnement au changement et à la reconversion professionnelle. Je les confronte avec les opérateurs de l'emploi, auprès desquels intervient l'association d'insertion que je préside. Par le croisement de tous ces regards, j'ai pu construire une analyse aiguisée des bouleversements en jeu dans la vie professionnelle des plus qualifiés du marché du travail. Ces différentes expériences me placent au cœur du contexte professionnel de ces « élites », au contact de leurs réalités, de leurs motivations, de leurs déceptions, voire de leurs souffrances. Cet essai est donc le résultat de rencontres et d'échanges multiples avec ces profils, jeunes et moins jeunes. Outre cette démarche d'observation du réel, de confrontation de ces observations entre elles, pour en tirer des constantes, ce travail est aussi le fruit d'influences, auxquelles de nombreux auteurs cités dans cet essai ont participé. En tant que témoin privilégié de toutes ces tensions chez ceux qui furent des « bons élèves » du système scolaire, je chercherai au travers de ces pages à la fois à déconstruire une partie des stéréotypes qui leur sont souvent attachés, et par ailleurs à partager une prise de hauteur sur leurs malaises profonds. L'intention assumée de cet ouvrage est par conséquent de dépasser des analyses souvent aseptisées, parfois naïves, face aux mal-être ressentis par une masse croissante de cadres. Ce livre se veut le porte-parole de ce que nombre de ces bons soldats de nos systèmes économiques pensent tout bas. Et ce faisant, j'ai l'ambition d'influer sur les mutations nécessaires de nos modèles de société, et d'éveiller ceux qui les « managent » à un sursaut salutaire.

Un triple objectif

Parler du contexte de travail des plus diplômés suppose de comprendre quels sont ces profils qui ont fait de belles études. Le devenir des bons élèves se construit en effet de manière extrêmement précoce dès leur parcours universitaire. C'est le premier objectif: décrypter les dessous de cette attirance collective pour les diplômes, partant de la place spéciale qu'occupent les grandes écoles, et décrire ce parcours tracé d'un futur «cadre sup'». Ce faisant, il faut mettre en exergue des éléments qui caractérisent les rôles professionnels de ces brillants cerveaux, et en quoi ils influencent — intentionnellement ou non — les dérèglements de nos économies.

Il est nécessaire ensuite de mettre au grand jour la véritable vie professionnelle de ces profils courtisés. Nous constaterons toutes les raisons pour lesquelles leur travail se dégrade: le contenu du travail, les contextes de travail, voire l'environnement économique se cumulent pour expliquer la nette fragilisation des acquis professionnels de ceux que l'on considère comme les plus favorisés. Mais ce tableau pointera également les conditions spécifiques à ces profils, à leurs parcours, qui alimentent au final cette spirale du malaise. Ainsi, quoi que les médias nous laissent penser, la perte de sens des plus qualifiés dépasse amplement les angoisses écologiques. Ces désillusions vécues par les bons élèves d'autrefois ne sont pas qu'un enjeu de classe, car elles ont des conséquences collatérales sur certains équilibres de notre société, comme les fractures sociales et les précarités économiques.

C'est pourquoi, ces contextes nous invitent enfin à imaginer des pistes de réflexion sur les moyens d'endiguer cette spirale dans laquelle nous embarque inéluctablement la financiarisation grandissante de nos systèmes économiques. Comment faire émerger des issues possibles au mal-être des élites intellectuelles, non pas en réponse à une préoccupation catégorielle et égoïste pour leur bonheur, mais pour énoncer les renoncements nécessaires que cette population devra assumer face aux incontournables défis de notre société ?

DES BONS ÉLÈVES AUX BONS SOLDATS

Les grandes écoles, d'hier à aujourd'hui

Au commencement...

Elles s'appellent Polytechnique pour les ingénieurs, HEC pour les commerciaux ou la Sorbonne pour les littéraires – des noms qui évoquent des fleurons de l'enseignement supérieur français. Ces établissements appartiennent au cercle historique des grandes écoles et universités qui forment les étudiants parmi les plus brillants de leur génération depuis près de deux siècles. Sciences Po ou Dauphine, l'Essec ou l'EM Lyon, Centrale ou les Mines, ou encore Normale Sup', la faculté de médecine Pierre-et-Marie-Curie ou l'Agro sont parmi les noms de ces établissements les plus réputés dans leurs disciplines. La liste qui précède n'est certes pas limitative, mais elle permet de définir l'ancrage historique de ces écoles. Car il s'agit bien d'un héritage ancestral. On peut en effet dater l'origine de ces institutions renommées au XVIIIe siècle – la plus ancienne école d'ingénieur encore existante, l'Ensta, ayant été créée en 1741. Cependant, la majorité des grandes écoles a été fondée au XIXe, à l'époque où un nouvel ordre économique et social était en train de naître, et donc souvent sur l'impulsion de l'administration publique. Son projet était alors de former des « cadres » de l'État et de l'industrie pour accompagner l'essor commercial et le développement industriel du pays.

Deux siècles plus tard, le système des grandes écoles représente un particularisme du système éducatif français qui n'a pas d'équivalent en Europe, notamment du fait de tailles de promotions de quelques centaines d'élèves, quand les universités anglo-saxonnes, comme Cambridge ou Harvard, ou allemandes, en comptent plusieurs milliers. Mais comment la réputation de ces « petites écoles » s'est-elle forgée au cœur de notre société ? Trois explications me semblent convergentes pour caractériser cette image d'excellence qui s'est imposée jusqu'à nos jours. La première des explications serait tout simplement celle de l'ancienneté : avoir réussi à traverser presque deux cents ans d'histoire accorde aujourd'hui à certaines de ces écoles un statut d'institution à part entière, comme l'ESCP – première école de commerce fondée en 1819 bien avant ses futurs alter ego. On peut même considérer que certaines « marques » figurent désormais au rang des fiertés de notre orgueil national ! La seconde raison serait liée à la qualité de leurs corps enseignants. Souvent plus connues pour leurs activités d'enseignement, ces institutions comptent aussi des laboratoires de recherche qui sont à la pointe de leurs disciplines et dont les publications et travaux sont régulièrement cités comme référence dans le monde scientifique. Pour autant, nous devons admettre que ces compétences académiques pointues sont assez peu connues du grand public et ne suffisent donc pas à expliquer la popularité indéfectible dont ces établissements supérieurs bénéficient depuis des décennies.

Car une troisième raison a construit leur notoriété. Elle tient à leurs anciens élèves. Certains d'entre eux sont en effet devenus des personnes illustres. Toutes ces « grandes écoles » ont vu sortir de leurs rangs des « grands hommes » qui ont marqué leur époque, et que l'opinion publique aura implicitement associés à leur origine académique. Ce sont des grands hommes – car les femmes sont encore peu représentées jusqu'à nos jours – qui ont permis par leur propre popularité, de créer la réputation des écoles dont ils ont été diplômés. Chaque grande école pourra s'enorgueillir ici d'avoir formé un grand patron de l'industrie nationale, là un personnage politique célèbre ou un prix Nobel. Ainsi, Gustave Eiffel et sa célèbre tour font la fierté de mon école Centrale Paris ; Sciences Po aligne les noms de présidents de la République ; de même que l'École polytechnique peut aussi être fière d'avoir formé des scientifiques illustres, tels que Louis Becquerel ; quand HEC s'identifiera à ses entrepreneurs comme Pierre Bellon, le bâtisseur de l'empire Sodexo. Plus que leur ancienneté et la solidité de leurs enseignements, les grandes écoles ont donc construit leur prestige dans notre inconscient collectif grâce à la notoriété d'anciens diplômés illustres ; une référence implicite qui se perpétue aujourd'hui encore dans l'imaginaire par ce rêve selon lequel sortir d'une grande école permettrait de figurer un jour parmi les grands de ce monde...

Historiquement, et à mesure que le système des classes préparatoires se mettra en place pour préparer leurs concours, les premiers établissements vont attirer les profils les plus brillants. De fait, un début de hiérarchie entre les établissements se met en place, lequel va se consolider avec le temps, et qui est aujourd'hui un élément constitutif de leur identité. Cette hiérarchie est désormais périodiquement décortiquée au travers de multiples classements édités par la presse économique – *L'Usine nouvelle, Le Point*... Les grandes écoles les mieux classées tirent naturellement leur réputation de leur capacité à avoir su demeurer dans le haut des classements durant toutes ces décennies; ce qui alimente cette image qui les définit, de fabriques de brillants éléments aptes à assumer les plus grandes responsabilités – du destin d'une nation aux défis techniques, en passant par la direction d'entreprises mondiales.

Le temps de l'ascenseur social

Sous l'impulsion de l'État ou par initiatives privées, d'autres établissements vont élargir le premier cercle de ces grandes écoles historiques au cours de la première partie du XXe siècle – comme Supaéro ou l'Essec. L'accès à ces établissements restera confidentiel et réservé à une élite sociale, jusqu'à la sortie de la Seconde Guerre mondiale, où la démocratisation croissante de l'accès à l'enseignement supérieur, favorisé en France par le choix politique de rendre les frais de scolarité accessibles aux plus modestes, va permettre à une part de plus en importante de la jeunesse de poursuivre ses études et d'accéder à un diplôme du supérieur. Dans cette ouverture à un plus large public, les établissements les plus réputés seront naturellement d'autant plus convoités que leur sélectivité demeurera le marqueur de leur identité.

Aidée par les années de croissance économique, cette démocratisation de l'enseignement supérieur contribuera naturellement à élever le niveau d'études de classes d'âge successives, ainsi qu'à participer au progrès social. Durant les Trente Glorieuses, l'enseignement supérieur fonctionne comme un ascenseur social permettant à une jeunesse issue de milieux modestes de grossir les rangs des classes moyennes et supérieures. Si elle répond à un besoin économique en termes de compétences pointues, cette ouverture à un niveau de connaissances plus poussé permet également l'accès à des métiers qui ne s'inscrivent plus dans la lignée familiale. On n'est plus forcément ouvrier de père en fils ! Les études supérieures vont alors s'imposer dans la représentation collective comme une condition de réussite professionnelle, dans laquelle les grandes écoles incarneront le prestige ultime. J'ai personnellement baigné dans cette atmosphère et, lorsque j'entre à Centrale Paris dans les années 1990, un bon nombre de mes camarades de promotion étaient eux-mêmes issus de milieux modestes. C'est dans ce contexte méritocratique qui offre désormais à tous un accès à des niveaux d'études autrefois réservés aux classes les plus aisées, que les diplômes du supérieur prennent leur place symbolique dans la représentation populaire. Ce qui alimente dès lors le rêve collectif d'entrer dans une grande école : « Tu feras Polytechnique, mon fils ! » La fierté des parents à entrevoir par procuration leur propre réussite au travers des études de leurs enfants va en effet encourager ce mouvement d'incitation à la poursuite d'études. Un cycle générationnel s'installe : les enfants, en devenant parents, influenceront à leur tour l'orientation de leurs propres enfants pour privilégier la voie du supérieur. Ainsi, la valeur des diplômes se construit de génération en génération, jusqu'à nos jours où l'option de ne pas poursuivre d'études après le bac ne se pose même plus. Mais cette aspiration collective a eu son revers : la démocratisation de l'accès au supérieur générera un flux croissant de jeunes qui aspirent à accéder aux meilleurs établissements universitaires, et aura pour effet induit de dévaloriser les niveaux d'études les moins avancés, au premier rang desquels le baccalauréat.

Le temps de la massification

Car, désormais, des milliers de bacheliers se pressent sur Parcoursup pour espérer que leurs vœux d'entrée dans le supérieur puissent être exaucés. Le décor est planté : portées par des modèles de réussite scolaire vus comme condition absolue d'accès à l'emploi, des cohortes croissantes de titulaires du baccalauréat s'engagent vers la poursuite d'études post-bac. De la licence au master, on estime aujourd'hui à près de 80 % la part des bacheliers français qui entrent en études supérieures. Cette massification de l'enseignement supérieur fut pour partie amplifiée à partir de 1985, suite à la décision politique d'emmener au moins 80 % d'une classe d'âge au niveau bac, tous niveaux confondus : bac général, bacs professionnels et bacs techniques. Le corollaire fut aussi de donner un nouveau coup d'entaille dans la dévalorisation des bas niveaux de qualification dont le pays a néanmoins besoin, et va servir sur un plateau les conditions de la marchandisation de l'enseignement supérieur.

Car ces flux croissants de bacheliers se confronteront rapidement aux limites des capacités d'accueil des établissements. Pour répondre à cette inflation de la demande, nombre d'entre eux vont devoir accroître la taille de leurs promotions, jusqu'à saturation dans certaines facultés. Cependant, de leur côté, les écoles les plus prestigieuses conserveront leurs limites du nombre de places ouvertes sur concours des classes préparatoires, ce qui va augmenter mécaniquement l'effet de rareté du haut de classement. La sélectivité des « meilleures » se renforce donc à mesure que la population en âge d'entrer en études supérieures s'accroît. La compétition pour accéder aux plus prestigieuses n'en sera donc que plus vive ; ce qui renforcera l'élitisme des « grands cursus », comme la disqualification concomitante de certains titres universitaires. Premier effet : la course à l'excellence est enclenchée.

Mais, parallèlement à ces mouvements, le marché de l'emploi connaît ses premières tensions. Les crises économiques s'enchaînent et renforcent l'évidence que, pour se prémunir de leurs effets, il faut aller le plus loin possible dans les études. De fait, à mesure que cette question du chômage devient prédominante dans la société, les flux entrants de jeunes adultes sur le marché de l'enseignement supérieur ne faiblissent pas. C'est ainsi que, entre certaines universités françaises dont la réputation fléchit, et des grandes écoles qui maintiennent leur sélectivité, de nouveaux acteurs vont pénétrer sur ce « marché » naissant – et prometteur – de l'enseignement supérieur. Cette apparition progressive d'écoles privées, qui viennent notamment compléter l'offre éducative existante vers de nouveaux métiers émergents, dans l'informatique par exemple, profite en retour de la moindre qualité perçue d'une partie du système universitaire public.

Des appétits cupides vont alors entrevoir la poule aux œufs d'or. Au tournant des années 1990, l'arrivée de fonds d'investissement dans le paysage de l'enseignement supérieur va provoquer une transformation du secteur. Profitant ainsi d'un environnement particulièrement atomisé, des groupes d'enseignement privés, tels que Ionis ou Studialis, vont opérer l'acquisition de multiples petites écoles indépendantes, et construire de véritables réseaux nationaux et internationaux d'enseignement supérieur. Là comme ailleurs, les pédagogues d'autrefois seront ainsi chassés par les financiers.

Second effet : la privatisation du secteur de l'enseignement supérieur était lancée.

Notons que cette entrée des fonds d'investissement dans un marché jusqu'alors relativement confidentiel, était tout sauf une surprise. Leurs modèles financiers y ont trouvé les conditions propices à leur développement. Ce monde de l'éducation réunissait en effet tous les prérequis pour créer cet effet de levier si cher aux investisseurs. D'une part, des frais d'inscription et de scolarité qui sont souvent encaissés dès l'entrée dans la formation ; ce qui est excellent pour le cash-flow. Ensuite, des prix qui disposaient d'une nette marge de progression à la hauteur des angoisses parentales de voir les enfants sans travail ; ce qui signifie que l'employabilité n'ayant pas de prix, de nombreuses formations ont pu augmenter leurs frais de scolarité moyennant des conditions de concurrence encore limitées. Enfin, des coûts pédagogiques disposant d'une source d'optimisation, notamment grâce à la digitalisation. Trésoreries favorables, concurrences contrôlées et gains de productivité ont ouvert la voie à l'émergence d'une restructuration par le privé d'un secteur de l'enseignement supérieur qui était jusqu'alors sous statut public, voire associatif.

Le temps du business

C'est pourquoi dans ce contexte inédit où la demande excède amplement l'offre, on assiste aujourd'hui à une marchandisation effrénée de l'enseignement supérieur.

L'augmentation des frais de scolarité devient le corollaire logique et visible de cette nouvelle structuration du monde académique. Car les prix décollent, souvent justifiés par le prétexte que notre enseignement national « est bien moins cher qu'aux États-Unis » — un argument qui décomplexera tous les excès. Concrètement, l'accès aux études supérieures n'a aujourd'hui plus de plafond. Résultat : quand, dans les années 1990, un étudiant pouvait payer moins de 500 euros de frais de scolarité annuels, il paye aujourd'hui trois... à trente fois plus. Car il n'est pas rare que le montant d'une scolarité annuelle d'une école de commerce atteigne 15 000 euros. Et il ne faut pas être sorti de Polytechnique pour constater que les programmes d'enseignement ne se sont pas allongés, ou que les salaires des enseignants et formateurs n'auront pas été multipliés d'autant. Alors où va l'argent ?

Si la multiplication des acteurs a créé un paysage plus diversifié en termes de cursus de formation, ce paysage est devenu progressivement plus concurrentiel. Cette concurrence va nécessiter d'accroître les actions de visibilité et de communication pour séduire les futurs bacheliers en mal d'orientation. Car cette compétition repose sur le même modèle ancestral : attirer les meilleurs élèves.

Le classement des nouveaux établissements dépendra donc, lui aussi, du niveau de ses élèves à l'entrée. Les nouveaux établissements partagent dès lors la même ambition de se placer dans la course aux classements, et reproduisent ainsi le modèle original des grandes écoles. Les années récentes se sont donc traduites par une bulle d'investissement dans l'enseignement supérieur, avec pour fait nouveau que désormais les moyens sont davantage orientés vers les stratégies commerciales, de fusions ou d'acquisitions, que vers des finalités éducatives. Pour prendre la mesure de cette bataille pour le cœur des lycéens, il suffit de se rendre sur un salon étudiant. Souvent appelés « Salon des Grandes Écoles » sans que cette appellation soit tout à fait normalisée, des médias tels que *L'Étudiant* ou *Le Monde*, organisent ces événements annuels où les exposants se comptent par centaines, témoignant de la dynamique de ce secteur. Qu'ils soient généralistes ou spécialisés, dans la communication ou dans la « tech », ces salons rassemblent non seulement des écoles, mais aussi des concours post-bac, des cursus de préparation aux examens, des classes préparatoires – au demeurant, tous essentiellement des organismes privés… On pourrait d'ailleurs s'interroger dans ce paysage en pleine transformation, sur ce qu'est une grande école aujourd'hui ? Si l'inconscient collectif reste encore fortement marqué par les enseignes iconiques, le cercle d'origine s'est profondément élargi. Les établissements supérieurs sont aujourd'hui par exemple regroupés au sein d'une Conférence des grandes écoles (CGE), association fondée en 1973, et qui en 2022 comptait parmi ses membres 234 établissements supérieurs ! Toutes les disciplines y sont représentées, bien au-delà des disciplines « historiques » des écoles d'ingénieurs – qui restent prédominantes en nombre –, de commerce ou de sciences politiques. On trouve parmi ces établissements des écoles de design (l'EnsAD), d'architecture (l'Énsa Versailles), de vétérinaires (l'EnvA, de langues (l'Isit), de mode (l'IFM), de journalisme (le CFJ), de cadres de santé (l'EHESP), de communication (le Celsa), voire militaires (Saint-Cyr)... Leur point commun est de délivrer des diplômés de niveau bac +5 – master – reconnus par l'État. Mais ils ne se limitent pas aux seuls cursus réservés aux classes préparatoires puisque la grande majorité de ces établissements a étoffé sa propre gamme de diplômes, parmi lesquels les masters spécialisés, eux-mêmes d'ailleurs labellisés par la CGE. Ce sont les signes tangibles d'une offre de formation supérieure qui s'est amplement étoffée, parfois spécialisée, permettant un accès à un plus large public vers des écoles disposant d'une notoriété certifiée. Cette inflation de titres de haut niveau reflète également la dynamique d'un marché de l'emploi en attente croissante de compétences pointues.

Pour autant, il reste toujours une place spéciale pour les « très grandes écoles ». Cette compétition nationale les concerne peu car elles sont protégées par leur prestige et par leurs rangs invariables dans le top 10 des classements. Elles ont moins besoin de séduire. Cependant, bien qu'elles échappent en partie à cette concurrence locale, elles sont entrées dans une autre compétition, internationale cette fois, largement induite par le classement de Shanghai. De plus, elles sont contraintes par la baisse des subventions publiques dont elles dépendaient encore fortement, notamment les écoles d'ingénieurs. Les grandes écoles ont alors été conduites à les compenser en partie par des hausses des frais de scolarité.

Mais elles ont su aussi profiter de leur effet de rareté et de l'attirance des employeurs. Les grandes écoles ont en effet bien compris tout l'intérêt qu'elles avaient à réguler l'accès à leur caverne d'Ali Baba, remplie de leurs futurs diplômés. Le rapport de force a été très habilement inversé par les grandes marques, transformant leur besoin de proximité avec les entreprises en un service commercial de visibilité qui accorde un contact privilégié avec les étudiants. Cette monétisation de l'accès aux cerveaux a engendré des ressources nouvelles, venues judicieusement compléter les besoins de financement pour la compétition internationale.

Face à l'intérêt général

Le monde des grandes écoles est ainsi désormais plus vaste que ses références historiques mais, entre-temps, il aura certainement troqué sa vocation éducative pour le progrès et la connaissance afin de répondre aux règles d'un marché en pleine libéralisation. L'université publique serait-elle donc le dernier rempart de cette course effrénée vers la financiarisation de l'enseignement supérieur ? Bien que disposant d'un statut toujours spécifique – mais pour combien de temps ? –, elle n'échappe pas aujourd'hui à la loi des classements, aux stratégies de regroupement, à la spirale de l'optimisation budgétaire, par nécessité de mener de front des investissements massifs qui semblent incontournables pour rester dans la compétition nationale, voire internationale.

Mais le problème ici serait moins celui de la compétition commerciale dans un univers qui lui était étranger, que sa résultante ; à savoir, la restriction de l'ouverture à tous du système éducatif supérieur. Car, fait nouveau depuis le début de ce XXIe siècle, certains frais de scolarité en s'envolant empêchent certains jeunes de poursuivre leurs études. Victime de son succès, le système de l'enseignement supérieur se ferme progressivement à la démocratisation et renforce son image élitiste, non plus pour des raisons scolaires, mais sociales.

C'est pourquoi, de ce survol sur l'évolution historique du cercle confidentiel des premières grandes écoles jusqu'à l'inflation contemporaine de l'offre des diplômes de haut niveau, nous pouvons tirer deux enseignements, et plus précisément deux effets contraires. D'un côté, le nombre d'actifs qui seront passés par une « grande école et université » a explosé. Depuis un demi-siècle, l'accès aux formations les plus cotées s'est largement ouvert à tous. C'est un constat indéniable qui aura marqué l'évolution même de notre société. Chaque année, ce sont désormais des centaines de milliers de jeunes qui ont la fierté d'aborder sur leur CV des niveaux de diplômes prestigieux et d'annoncer en entretien d'embauche : « Je suis sorti de telle grande école ! » Un jeune sur cinq sort du système scolaire avec un bac +5. Au début des années 1950, les cadres représentaient à peine 2 % de la population active. Qu'ils soient ingénieurs, publicitaires, financiers, biologistes, *data scientists*, journalistes, cadres de la fonction publique, designers, informaticiens, architectes, *webdesigners*, universitaires, cadres de santé, agronomes, spécialistes des ressources humaines, du contrôle de gestion, du marketing, de la communication, de l'immobilier, ou des affaires internationales, ou encore consultants en management, ou finance, ou énergie, ou fiscalité, ou stratégie ou encore experts de leur expertise... nombre des lecteurs de cet essai pourront donc aujourd'hui se reconnaître dans les traits qui vont suivre sur le destin des « têtes bien faites » ... même si leur école ou université n'y est pas mentionnée !

Mais cette démocratisation a eu un autre effet : victime de son succès, l'ascenseur social connaît aujourd'hui un trop-plein. Il est en panne. Les places ne sont plus accessibles à tous. Nombre de jeunes restent sur le palier. Du fait de cette massification, et sans doute aussi par un manque de régulation par l'État – qui en a pourtant la capacité – les conditions d'accès à certaines filières ne sont plus démocratiques. Sans compter que cette production dérégulée de diplômes finit aujourd'hui par excéder les besoins réels d'absorption de l'économie, comme le décrira le sociologue Louis Chauvel dans *La Spirale du déclassement*. Le circuit d'accès à nombre de grandes écoles et de titres professionnels est donc aujourd'hui socialement verrouillé, car il est devenu encore plus favorable pour les fils et filles des CSP+. Les plus aisés, parmi lesquels on trouve justement une part importante d'anciens diplômés des grandes écoles, disposent aujourd'hui de la faculté de préparer leurs enfants à l'accès aux grandes écoles en ayant recours, par exemple, à des préparations parallèles privées durant les années de lycée. Le mérite de ces élèves n'est pas diminué car le système a conservé son intégrité et les résultats aux concours d'entrée aux grandes écoles ne se décident pas par l'hérédité. Mais, de fait, la compétition est si rude qu'elle décourage les plus modestes qui se censurent eux-mêmes pour postuler par exemple aux meilleures classes prépas, comme Henri-IV ou Louis-Le-Grand. C'est pourquoi le système éducatif, qui redevient élitiste sur le plan social après avoir été sélectif sur le plan scolaire, nous pose la question de son ouverture à la diversité : que penser de ces élites intellectuelles qui, sorties des meilleures écoles, ne représenteront demain que leur propre milieu social dans le monde du travail ?

Pour cette raison, et pour bien d'autres encore, certains voudraient dénoncer ou déconstruire le système des grandes écoles. C'est un serpent de mer. Ce serait à l'évidence une erreur de détruire un système éducatif qui fonctionne ; le niveau des étudiants français n'est pas en cause. Casser une machine d'excellence dans l'apprentissage est un risque non négligeable pour affronter les enjeux de demain. Le défi n'est donc pas de contester un système de qualité sur le plan du savoir et de l'apprentissage. L'enjeu est de nous interroger sur la place de l'enseignement supérieur, au sens d'un service public accessible à tous, et d'en faire une priorité nationale. Rétablir l'ascenseur social de notre système éducatif passera forcément par la régulation de la privatisation rampante de l'enseignement supérieur, ou du moins de sa marchandisation dérégulée. Ce qui ne me semble pas dans l'air du temps... Pourtant, du fait de cette discrimination tacite par les ressources, l'enseignement supérieur fonctionne désormais comme un amplificateur des fractures sociales. Des classes sociales se figent et ne se rencontrent plus. Nous constaterons plus loin combien cette limitation implicite de l'accès à une formation supérieure a une incidence majeure sur les déséquilibres sociaux et économiques de notre société.

La voie toute tracée

L'histoire d'un « bon élève »

Il n'y aurait pas d'enseignement supérieur, encore moins de grandes écoles, sans « bons élèves ». Arrêtons-nous dans ce chapitre sur cette expression pour mieux connaître le destin de ces profils recherchés par les « meilleurs » établissements. Tout commence par une histoire de bon élève ou de bonne élève. Implicitement, « être bon élève » désigne le fait de bien travailler à l'école, mais plus encore le fait d'avoir de bonnes notes. Car, pour être un bon élève, il ne suffit pas en effet de faire des efforts, d'étudier avec sérieux, de faire ses devoirs ; encore faut-il obtenir des résultats tangibles. Ces résultats, nous l'avons tous connu, ce sont les notes qui permettent de les attester. À l'école, le système d'évaluation par les notes seul permet de savoir qui est un bon élève et qui ne l'est pas. Mais il existe encore à ce niveau une spécificité toute particulière dans notre système éducatif national. Elle repose sur la place accordée aux mathématiques : dans le pays de Descartes, la matière noble par excellence, ce sont les « maths » qui incarnent la capacité de raisonnement et de logique. Un bon élève sera donc reconnu avant tout à sa capacité à avoir de bonnes notes en maths, par l'appréciation tant espérée : « 18/20 ! Poursuivez ainsi ! »

La raison de la primauté attachée aux mathématiques tient au simple fait qu'elles sont la discipline reine pour accéder aux filières les plus cotées de l'enseignement supérieur, et notamment les grandes écoles. Le principe d'orientation à l'issue de la scolarité des jeunes lycéens sera en effet très largement dicté par les notes en maths. Ainsi, les « grosses têtes » de terminale sont fortement invitées à postuler dans les filières scientifiques. De leur côté, les élèves de niveau plus généraliste opteront pour les filières commerciales ou de finance, quand les « nuls en maths » pourront être orientés par défaut, vers les filières littéraires ou technologiques, trop souvent associées à des « voies de garage ». C'est une règle quasi explicite, personne ne s'en cache, enseignants comme parents. Encore aujourd'hui, en dépit des réformes successives de l'Éducation nationale, on constate que la volonté de laisser aux élèves le choix de leurs filières et matières en terminale s'oppose à des recadrages ministériels pour préserver ce vivier si précieux des élèves doués avec le calcul et la logique. Cette règle ne connaît comme rares exceptions que les élèves qui ont cette capacité de faire un vrai choix d'orientation, parce qu'ils ont conscience de leurs aspirations professionnelles et disposent des résultats pour les réaliser à l'issue du baccalauréat. Pour tous les autres, les moyennes générales dicteront ce que nous appellerons des « non-choix » d'orientation… Du moins, des choix dans lesquels les mathématiques ne sont plus la matière reine !

C'est ainsi que se construit cette histoire du premier de la classe, excellent en maths, qui parvient à passer haut la main son baccalauréat, pour s'engager dans les filières supérieures les plus sélectives. Pratiquement, comment cela se déroule-t-il ? La manière de procéder est commune à tous les lycéens, et se divise en deux grandes modalités pour choisir son établissement d'enseignement supérieur. La première consiste à présenter un dossier de candidature ; la seconde à passer des concours d'entrée. Mais, aujourd'hui, tout passe par Parcoursup. Les universités et classes préparatoires sont accessibles uniquement sur dossier, tandis que certaines écoles le sont sur concours, comme le concours Avenir – qui rassemble des écoles d'ingénieur post-bac – ou Sésame – qui regroupe des écoles de commerce. Sujette à débats, parfois virulents, la plateforme de sélection n'a cependant rien changé au principe d'orientation pour nos meilleurs élèves, toujours animés par l'objectif d'être admis dans les meilleurs établissements. Plateforme ou pas, le cycle est le suivant : les meilleurs élèves postulent – par dossier ou par concours – aux meilleures filières ; ensuite, chaque établissement sélectionnera les meilleurs élèves, soit sur l'analyse de leur dossier et des notes, soit sur la base du classement à l'issue du concours – les meilleurs établissements choisissent donc les meilleurs élèves ; puis, à leur tour, les jeunes candidats vont choisir le meilleur établissement parmi ceux qui leur auront rendu un avis d'admission favorable. En résumé, les meilleurs – élèves – choisiront donc les meilleurs – établissements – qui les auront choisis !

Au demeurant, pour être tout à fait juste, ce principe du choix des « meilleurs » ne concerne pas que les meilleurs élèves. Nous sommes tous témoins, pour nos propres choix ou en tant que parents, que ce qui serait le « mieux » a dirigé nos choix. Mais le « mieux » pour qui ? En respect des classements ? Des réputations des établissements ? Incontestablement, ils influencent significativement les orientations post-bac de tous les étudiants, quel que soit leur niveau. Sauf quelques rares poursuites d'études définies par vocation, le manque d'accompagnement des jeunes dans leur capacité à se connaître et à se projeter dans un monde du travail qui devient de plus en plus illisible, explique que chacun se raccroche à des formes d'assurance que sont le prestige ou la notoriété d'un type d'études ou d'un établissement. Mais je pointerai ici un point sur lequel nous reviendrons : ces modes de décision témoignent aussi en creux du poids des normes sociales dans nos choix d'orientation. À l'évidence, ne serions-nous pas animés par le désir inavoué de nous conformer à un modèle social qui nous permet au travers des études – ou par procuration pour nos enfants – d'afficher notre statut ?

Mention spéciale à cet égard pour les classes préparatoires, qui sont souvent considérées comme le parcours d'excellence suprême, et qui sont donc très convoitées. Et pourtant, elles sont reconnues pour relever du parcours du combattant pour le jeune étudiant. Comme leur nom l'indique, les classes préparatoires « préparent » aux concours des grandes écoles, mais au prix d'un travail acharné. Pour passer les concours de l'École polytechnique, d'HEC ou des écoles normales, les « taupins » s'engagent dans deux à trois années études « à l'arraché » ; sans doute le prix à payer pour prétendre à la reconnaissance ultime. Même si tous n'intègrent pas l'école de référence à l'issue de ces concours, la hiérarchie des classements y poursuivra son principe de tri par le haut du panier qui dit que les meilleurs élèves choisiront les meilleures écoles où ils seront admis. Et ainsi se déroule invariablement ce cycle de la formation de l'élite, étape par étape, du secondaire au bac, puis aux concours des grandes écoles. Les classements décident de l'avenir professionnel des plus brillants. Année après année, les bons élèves s'engagent par conséquent sur cette voie royale, en intégrant le cercle des écoles prestigieuses. C'est finalement une histoire presque banale d'un jeune garçon ou d'une jeune fille, qui disposent de facilités avec les équations, qui se laissent porter par leurs résultats, sans jamais véritablement faire de choix, puisque les notes décident pour eux.

Derrière cette apparente facilité, il faut souligner que notre bon élève, au milieu de milliers d'autres têtes bien faites, a toutefois pleinement mérité sa consécration scolaire. Si le système français se distingue par une sélectivité qui exclut plus qu'elle n'élève, les cerveaux qui sont adaptés à ce système méritent amplement leur récompense ultime. Le milieu scolaire est certes exigeant, mais il est intègre. Réussir aux concours des grandes écoles ne relève pas du hasard. Si la chance peut parfois se présenter sur le chemin des épreuves, le résultat final confirme un certain talent. Les fraudeurs n'y ont aucune chance. En conséquence, la réputation attachée aux grands diplômes n'est nullement usurpée. Ceux qui franchissent haut la main ces obstacles jusqu'au graal des meilleurs établissements, ont révélé une disposition intellectuelle adaptée aux dispositifs continus de contrôle des apprentissages, et développé une aisance avec la compétition lors des examens. Ce n'est pas parce que le système scolaire est mal adapté à un grand nombre d'élèves, que ceux qui y performent doivent être recherchés en culpabilité pour en avoir tiré leur réussite académique.

La guerre des talents perpétue la voie royale

Mais l'histoire de notre bon élève ne s'arrête pas à l'entrée dans les institutions académiques les plus prestigieuses. La voie royale qui s'ouvre devant lui va marquer son empreinte dès l'entrée dans la vie active. Auréolés de leurs titres prestigieux, les nouveaux diplômés seront en effet rapidement courtisés par le monde économique. Dès la sortie des écoles, des employeurs se pressent pour proposer de les embaucher. Notre bon élève se retrouve donc de nouveau à devoir choisir « le meilleur ». Cette fois, le choix vise celui du premier emploi, pour travailler dans des entreprises ou institutions, privées ou publiques, nationales ou internationales... essentiellement parmi les

« grands » employeurs. La règle des meilleurs qui attirent les meilleurs poursuit donc son implacable principe ; d'autant plus implacable que la rareté continue de faire son œuvre de sélectivité ! En effet, compte tenu de cette spécificité particulière à la France, la taille des promotions des grandes écoles, et des cursus prestigieux de certaines universités, reste modeste. La plupart diplôment quelques centaines d'étudiants par an, lorsque les universités américaines en « produisent » des milliers. Parmi les plus petites « promotions » : l'école des Mines de Paris diplôme moins de 200 ingénieurs par an ; HEC ouvre 400 places par an dans son concours aux classes prépas, quand seules quelques dizaines d'élèves entrent dans les écoles « Normale Sup' ». On comprend donc aisément que cette rareté comparée aux besoins des grands employeurs, attise une vive compétition entre les entreprises avides de jeunes élites !

Pour tirer leur épingle du jeu dans cette « guerre des talents », nombreuses sont les entreprises qui investissent dans leur « marque employeur ». Le terme traduit *de facto* ce rapport de force inversé. Car, face aux futurs diplômés des meilleures écoles, ces employeurs ne disposent pas de la position du maître du sort du candidat. Ici, c'est l'étudiant qui choisit. Il est en vérité le client qu'il faut séduire comme tout consommateur qui aurait un large choix. Pour ce faire, les entreprises créent ainsi des fonctions dédiées à cette mission, à la croisée des RH et du marketing, au travers de fonctions en charge des relations avec les écoles, des « *campus managers* » généralement jugés sur le nombre de stages ou d'embauches qu'ils auront effectivement concrétisés dans l'année. Ces stages, étapes pédagogiques souvent obligatoires dans les grandes écoles, demeurent le grand levier de recrutement des jeunes, car ils constituent le sas d'entrée vers une embauche définitive. Mais, le volume potentiel de stages ou de premiers emplois à pourvoir excédant largement le nombre de candidats à la sortie des meilleures écoles, la compétition devient naturellement inégale. C'est pourquoi les entreprises tentent aussi d'être visibles au sein même des écoles, par une intervention dans des modules pédagogiques ou par des invitations lors de conférences. Mais des entreprises développent des méthodes encore plus volontaristes, en proposant des invitations VIP dans leurs sièges sociaux – pratiques courantes des grands cabinets –, quand d'autres grands groupes packagent des parcours d'intégration dits «*graduate programs*» de deux ou trois ans, avec une mobilité à l'international. Bref, rien n'est trop beau pour la crème de la crème. Si le point positif de ces opérations de séduction confirme naturellement que les brillants cerveaux n'ont pas d'inquiétude à avoir sur leur avenir, on peut toutefois éprouver un sentiment d'indécence face aux moyens déployés par certains employeurs.

D'autres jeunes issus d'écoles ou d'universités moins emblématiques vont entamer leur vie professionnelle par des CDD, voire connaître des difficultés pour s'insérer dans le monde du travail comme nous l'aborderons par la suite.

Le meilleur par défaut

Voici donc ce qui caractérise le destin tout tracé d'un très bon élève : une histoire qui se résumerait à un parcours linéaire, dicté par les résultats scolaires, puis académiques, qui vont le conduire à intégrer les entreprises les plus convoitées. Sans avoir véritablement été en mesure à un moment de ce parcours d'excellence, de se prononcer sur son orientation, par ses préférences ou par sa personnalité, le bon élève s'en remet finalement aux offres des entreprises qui peuvent se rendre visibles à lui, et qui ont la faculté de lui proposer un ensemble de conditions de carrière avantageuses : un bon salaire, une bonne envergure de responsabilités et des mobilités rapides. Bref, en attendant d'avoir « un jour » la révélation sur ce qu'il veut faire plus tard, notre bon élève fait ses choix par défaut, termine son prestigieux parcours scolaire en intégrant soit une société de conseil, soit un major de l'industrie mondiale, ou bien aujourd'hui une start-up de l'économie numérique, au hasard des opportunités. Le paradoxe de cette voie tracée est que ceux et celles qui ont accompli les parcours d'études parmi les plus exigeants pour être les plus employables du marché du travail, mobiliseraient finalement le moins cet atout pour choisir leur destinée professionnelle.

Voici qu'enfin, puisqu'il a été recruté à un bon niveau de salaire, le jeune diplômé de grande école sera désormais attendu en termes de retour sur investissement. La logique est implacable : après avoir réussi l'intégration des meilleurs profils au prix d'une guerre des talents coûteuse, l'employeur sera légitimement en droit d'en attendre en retour une efficacité élevée, voire une « surperformance ». Voici donc notre « bon élève », qui fut doué en maths, commençant sa carrière emporté dans une nouvelle course à la performance... Cette fois, ce sera pour le « meilleur » de la compétition du monde économique.

La question posée par le parcours exemplaire de ce « bon élève » est plus généralement celle du destin de vie de ces têtes bien faites, orientées malgré elles à prendre des responsabilités qu'elles n'ont pas forcément désirées. Certes, des tendances récentes au sein de la jeune génération témoignent d'une revendication pour s'affranchir d'un tel destin tout tracé. Depuis une décennie, j'observe ainsi à mon niveau le poids fléchissant des « grands » employeurs dans les choix d'entrée dans la vie professionnelle, les start-up étant les grandes gagnantes de ce repositionnement. Mais je n'observe pas de progrès majeur dans la capacité des jeunes sortis d'écoles à choisir selon leurs propres motivations. Bien que la préoccupation écologique affecte nombre des étudiants en quête d'impact sociétal, le niveau de désarroi de ces jeunes engagés pour transformer leurs valeurs en un projet professionnel solide, est le reflet de cette incapacité à choisir quand on a été façonné par le principe du non-choix, ou dans une société qui ne donne aucune autre recette que celle « du meilleur ». L'époque et ses défis invitent notre élite à ne plus miser sur cette insertion quasi automatique, et certes garantie, mais à développer une aptitude à enfin bâtir des choix professionnels qui ne soient plus par défaut, forgés par une conscience de ses atouts comme de ses valeurs personnelles.

Mais il faut interroger le sens ultime de cette quête du « meilleur » quand, au final, les conditions professionnelles ne peuvent plus promettre le meilleur de l'avenir professionnel.

Le diplôme et l'entre-soi

Recruter le haut du panier

À CE STADE, ON SERAIT EN DROIT de se demander pourquoi certains employeurs investissent autant pour attirer les élèves des grandes écoles, lorsque des étudiants diplômés d'écoles ou universités moins cotées disposent de compétences sensiblement équivalentes attestées par leurs diplômes de niveau master? Nous pourrions ainsi rappeler qu'un diplôme d'ingénieur certifie l'acquisition de compétences selon un référentiel garanti par un organe indépendant qu'est la Commission des titres d'ingénieur. De même, un master en finance devrait comporter les mêmes enseignements quel que soit l'établissement qui l'enseigne, qu'il soit coté ou pas. Bref, les différences seraient ténues si nous le regardons sous l'angle des savoir-faire. La recherche des meilleurs élèves serait donc la première des motivations des chasseurs de «talents», pour reprendre le terme consacré du recrutement! Pour autant, la traque de ceux-ci ne peut à elle seule expliquer ces investissements coûteux. Aucune mesure objective ne peut démontrer en effet un différentiel de retour sur investissement entre un élève sorti d'une école de commerce réputée et un diplômé d'un master universitaire en commerce moins coté. D'autant que les contre-exemples affluent : l'ancien P.-D.G. du groupe Safran était licencié de mathématiques, quand Jean-Marie Messier, X et ÉNA, a presque failli faire péricliter l'empire insubmersible de la Compagnie générale des eaux – qu'il a fait renommer Vivendi ! La raison de ces priorités de recrutement est donc ailleurs.

Elle réside dans le référentiel de pensée des états-majors des organisations. Car il se trouve que ces derniers sont fréquemment occupés par des anciens diplômés de ces mêmes grandes écoles. Leur propre réussite scolaire et professionnelle renforce donc leur conviction que le recrutement de diplômés issus des mêmes bancs est une garantie incontestable de qualité. Être passé par les fourches caudines des mêmes concours serait un gage de compétence. Nous sommes clairement ici face à un biais cognitif. Pour le comprendre, nous devons de nouveau faire un petit détour dans l'histoire des grandes écoles.

Du fait de leurs petites tailles de promotion, elles favorisaient ce que l'on appelle un « esprit de corps ». Traduisant le lien étroit entre les anciens élèves, cet esprit de corps se forgera grâce à une forte proximité des étudiants souvent « internes » – résidants sur les campus – durant leur scolarité. En développant ainsi ces forts liens d'appartenance à leur institution, au travers de divers codes et amitiés, cet esprit est ensuite entretenu pour le reste de leur vie professionnelle. Ainsi, une fois parvenus dans le monde du travail, les anciens élèves s'appuient alors sur ces liens « de corps » pour évoluer dans leur vie active grâce au soutien d'anciens camarades issus de la même école. Pour les institutions les plus anciennes, comme les « gadzarts » pour les Arts et Métiers, les promotions qui se sont succédé, année après année, ont alors construit de vastes réseaux d'anciens élèves, dépassant parfois plusieurs dizaines de milliers de personnes.

Par le passé, ces réseaux d'anciens furent particulièrement présents dans les grandes entreprises nationales. Les entreprises de l'armement ont longtemps été préemptées par les diplômés de l'X ; les centraliens ou ingénieurs des Ponts étaient présents à tous les échelons du groupe Bouygues et des majors du BTP ; les cabinets ministériels étaient envahis par les diplômés de Sciences Po, quand les diplômés des grandes écoles de commerce, Essec, ESCP et HEC en tête, jalousaient les meilleurs postes chez L'Oréal ou au sein des enseignes de la grande distribution. Ce principe – la cooptation – a ainsi longtemps présidé aux règles de recrutement ou de promotion hiérarchique au sein d'entreprises nationales et de la fonction publique. Cette pratique qui favorisait ouvertement un ancien de son école correspondait de surcroît assez bien aux modèles verticaux de ces organisations. Certaines avaient institutionnalisé cette mobilité fonctionnelle, selon un plan souvent établi pour tout diplômé de telle école de renom. C'est pourquoi, surtout dans le contexte des années des Trente Glorieuses, et donc de stabilité des organisations, les carrières dites linéaires se sont installées comme une référence : sortir d'une grande école promettait une ascension garantie par le titre du diplôme ; pratique qui n'était à l'époque absolument pas questionnée.

Une « diplômite » aiguë

Aujourd'hui, ce favoritisme a presque disparu, mais nous en constatons une forme de rémanence. Le diplôme reste en effet toujours très influent dans la vie professionnelle. Du fait de l'émergence d'une multitude de nouvelles formes de réseaux autres que les liens « d'école », la cooptation se perpétue sous une forme différente. Si l'on n'accorde désormais plus de faveur à sa propre école, le réflexe consistant à favoriser les diplômés reste, lui, particulièrement présent ; une pratique qui perpétue en vérité ce stéréotype qui considère que la crédibilité du postulant est reliée au seul prestige de son parchemin ! Cette « diplômite » est, de mon point de vue, l'héritage direct de ces décennies durant lesquelles les grandes écoles ont construit la référence des modèles de carrière par cooptation. Un diplôme de grande école continue de représenter dans les mentalités collectives un gage de qualité pour le recrutement des cadres. Dit autrement, les surdiplômés se recrutent entre eux. Soulignons que cet héritage culturel qui voue un tel culte du diplôme est un particularisme français reconnu en comparaison de nos pays voisins. Quand, en l'Allemagne et en Angleterre, l'intégration des jeunes est souvent favorisée par le système de l'apprentissage permettant d'identifier les compétences sur le tas, aux États-Unis l'évolution professionnelle est indépendante de l'ancienneté, et permet à tout jeune brillant d'accéder très rapidement à des responsabilités élevées. Il suffit d'ailleurs pour s'en convaincre d'observer la très faible proportion de parcours autodidactes dans les postes à responsabilité de nos entreprises nationales. Si l'on cite souvent Xavier Niel comme un modèle – puisqu'il n'a pas le bac –, c'est bien qu'il détonne dans le paysage ! Naturellement, un principe du « ruissellement » s'applique parfaitement à ce mode de fonctionnement. Car, en cascade, chaque niveau de responsabilité, même moins diplômé, adoptera ce même schéma de pensée et ce même principe de sélection, par lequel le diplôme détermine la capacité à réussir. Ces habitudes ancrées verrouillent ainsi toutes nos règles d'évolution professionnelle.

Pour illustrer combien ce mode de pensée imprègne notre monde économique, observons ce qu'il se passe dans l'univers plus récent des start-up. Pourtant supposées se départir des codes ancestraux, elles n'échappent nullement à ce principe du privilège accordé au diplôme. On note en effet dans ce milieu, une présence significative de diplômés de grandes écoles, notamment quand les levées de fonds ont donné à ces entrepreneurs les moyens de leurs ambitions. Les investisseurs jettent leur dévolu sur de brillants cerveaux en gage de garantie de bonne gestion de leurs mises de fonds. Monique Dagnaud et Jean-Laurent Cassely décryptent ainsi ce phénomène dans

Génération surdiplômée (p. 133) : « La culture start-up s'est déployée dans un contexte élitiste, en particulier autour des grandes écoles. » Il est à cet égard assez surprenant de consulter les CV des fondateurs des plus célèbres « licornes », pour constater cette répétition de l'histoire : Qonto et Doctolib : HEC ; Back Market : Iéseg ; Deezer : Essec, Vestiaire Collective, Neoma, ManoMano : Edhec... pour ne citer que les marques qui parleront le plus au grand public. En un mot, la « *start-up nation* » n'est qu'un concept de classe, dans lequel la maladie de la « diplômite » se propage à une économie qui pourtant se revendique en rupture avec les modèles du passé. Le cercle infernal de l'entre-soi se répète, sous des formes nouvelles, mais toujours influencé par ce même schéma de pensée, basé sur la faveur accordée au mérite scolaire.

La spirale de l'entre-soi

En recrutant dans les parcours académiques les plus réputés, les entreprises cherchent donc à se rassurer en s'appuyant sur les référentiels de la tradition. Chacun s'accorde sur ce principe qui statue que seuls les CV les « plus cotés » sécuriseront la performance. Et, pour le présenter plus clairement, cette pression à la performance est souvent telle qu'il n'est pas envisagé de prendre le risque de s'écarter de ces circuits traditionnels de recrutement, notamment pour les postes à responsabilité. À ce titre, certains DRH que je rencontre me confessent que ces recrutements leur évitent la remise en cause de leur propre travail : en recrutant les meilleurs diplômes, on s'exonère de sa propre responsabilité si l'intégration venait à mal se passer. Pour faire court, si l'on recrute un diplômé de CentraleSupélec, personne ne va se retourner contre le DRH pour se plaindre ! Ce principe comparable à un clonage constitue une barrière évidente à la diversité des mentalités ou des modes de pensée. Ces pratiques exclusives traduisent en creux la faible confiance dans les circuits de formation moins prestigieux et, par voie de conséquence, la faible considération pour les camarades des bancs de l'école qui étaient un tout petit peu moins bons en maths... Une incapacité à pouvoir laisser une place à ceux qui sont pourtant issus de parcours d'études longs et pour lesquels rien n'atteste que les aptitudes intrinsèques seraient moins adaptées... notamment dans une époque qui nous invite fortement à s'ouvrir à l'altérité.

Derrière ces habitudes qui fonctionnent en boucle fermée, une autre machine se met en place : la culture professionnelle qui va rapidement s'imposer comme le modèle de référence à imiter. Ici, on voue un culte à ceux qui se donnent pleinement à leur entreprise, et seuls ceux qui sacrifient leur vie personnelle au bureau pourront faire partie des associés du cabinet. Ailleurs, ce sera au contraire la capacité à s'investir dans les activités collectives, les « *after* » et autres *team buildings* pour mériter la reconnaissance de « l'esprit de la boîte ». Là, ce sera la mobilité professionnelle géographique : point d'avenir dans l'entreprise si l'on émet une réserve pour déménager dans une ville moyenne, ou un pays exotique.

Faire carrière, c'est donc embrasser la doctrine dominante de l'organisation. Ces codes professionnels s'observent autant dans les organisations « anciennes », telles que EDF ou la SNCF, que dans les jeunes entreprises, dans lesquelles les rituels plus décontractés sont devenus des cadres de référence.

Une fois sélectionnés sur leur diplôme, les plus jeunes élus jouent ainsi un jeu mimétique qui consiste à être reconnus par les aînés qui les ont recrutés, en vue de se conformer à la reconnaissance attendue de leur titre. La motivation naturelle de ces jeunes prometteurs est de justifier qu'ils sont aptes à tenir la promesse et de ne pas décevoir ce qu'ils représentent. Ce jeu n'est pas toujours conscient, ni même intentionnel. Les plus jeunes sont animés par un désir véritable de bien faire leur travail et d'utiliser ainsi leurs capacités intellectuelles mises en contexte professionnel. Nombre d'étudiants qui auront investi au moins cinq années dans des études exigeantes, ont simplement envie de se frotter à la « vraie vie », et font confiance aux « modèles » que représentent leurs aînés issus d'écoles prestigieuses.

La société a cependant profondément changé, bien plus vite que ces pratiques. Comment donc imaginer que cette préservation ancrée de rituels favorisant les grands diplômes puisse renouveler un monde aujourd'hui en mal d'intégration et de mixité ? Au final, si l'esprit de corps s'est peu à peu atténué au fil des années récentes, force est de constater que la proéminence du diplôme dans les choix de recrutement est peu remise en cause. S'il faut souligner toutefois que cette consanguinité ne préside pas d'une volonté d'exclure, elle explique la polarisation croissante de nos organisations entre les plus qualifiés, toujours plus nombreux, qui se soutiennent mutuellement, et les moins qualifiés, exclus par nature.

La finance pour tous

Gestionnaires de carrière

Que devient cette jeunesse brillante, une fois entrée dans le monde professionnel ? Quelles sont ses responsabilités spécifiques ? En quoi le travail des plus diplômés se distingue-t-il ? Outre l'accès à des niveaux hiérarchiques élevés dont nous avons parlé, existe-t-il une caractéristique pour les postes qui seront occupés par ces profils tant courtisés ?

Forts de leurs lauriers académiques, les nouveaux embauchés tout frais sortis d'école seront rapidement invités à prendre des responsabilités au sein des organisations. En partie pour justifier de leur niveau de rémunération, ils se voient rapidement confier des projets de taille importante et se trouvent en position d'assumer des rôles d'encadrement ou de coordination. Pour leur majeure partie, ces responsabilités comportent une composante centrale en termes de gestion. Le terme « gestion » s'entend ici au sens de l'analyse de données techniques, économiques, sociales ou commerciales, et donc pas exclusivement financières, même si finalement toute donnée se consolide dans une dimension budgétaire. En dehors de quelques professions d'expertise telles que les métiers de la recherche ou dans des postes à composante technologique pointue, les profils les plus qualifiés s'investissent donc invariablement dans des fonctions que nous qualifierons de « gestionnaire ». Quelle que soit l'envergure de leur poste, les têtes bien faites composent donc invariablement « en bout de chaîne » avec des aspects économiques et comptables, comme faisant partie intégrante de leurs tâches à responsabilité. Qu'il s'agisse d'étudier un investissement, d'orienter des options commerciales, d'optimiser des coûts, d'améliorer un processus ou de piloter des projets de développement... les diplômés du supérieur se caractérisent par des rôles de gestion. Les uns conçoivent des solutions pour vendre plus et plus cher; les autres développent des modèles pour dépenser moins et moins cher; quand les derniers décident de l'affectation optimale des revenus et des investissements. Le chef de chantier compte ses approvisionnements, le *product owner* compte ses heures de « dev' », le directeur marketing compte ses campagnes promotionnelles, et naturellement le contrôleur de gestion fait les comptes de toute son organisation. En somme, ils sont tous « manipulateurs d'argent ». C'est le signe distinctif de tout cadre supérieur, de toute fonction managériale, dont la seule nuance résiderait dans le degré d'autonomie de la fonction.

Du point de vue managérial et organisationnel, ce principe d'exercice de responsabilités économiques est parfaitement explicable. Assumer des responsabilités suppose de disposer d'un espace de décision, lequel s'accompagne nécessairement d'un accès aux données dites de gestion pour exercer ces décisions. Acheter, chiffrer, évaluer, budgéter, gérer, compter... sont par conséquent des compétences indissociables pour mener à bien de telles missions, qu'elles soient techniques, commerciales, prospectives, voire juridiques pour les métiers du droit ou sociales dans les ressources humaines. L'ingénieur ou le financier ne sont en effet pas les seuls métiers qui composent avec la gestion, puisqu'une responsabilité RH devra à son niveau savoir très tôt quantifier en euros aussi bien les plans de formation que les augmentations annuelles ou les provisions pour licenciement !

Cette part dévolue à la gestion va d'ailleurs prendre une place croissante au fil de leur évolution professionnelle. À mesure que ces cadres évolueront dans les étages des organisations, leur rapport à l'argent deviendra plus étroit encore, jusqu'à occuper la quasi-totalité de leurs préoccupations professionnelles. En fin de carrière, le graal d'une évolution professionnelle serait d'accéder à un poste de direction générale ou financière. Les élites voient donc le poids de leur pouvoir économique croître de manière inéluctable avec l'expérience. Ce principe d'évolution professionnelle n'est en rien critiquable. En revanche, je questionne ici la conséquence de ces schémas d'évolution professionnelle lorsque l'environnement socio-économique est aujourd'hui largement dirigé par la finance. Car il découle de cette situation que le rapport entre la vie professionnelle quotidienne des élites intellectuelles et la performance financière est particulièrement étroit. Ces champs de responsabilités «gestionnaires» sont à cet égard devenus une prérogative désormais si naturelle, un déterminant si évident de la réussite, que ces premiers de la classe n'ont pas d'autre choix que de les accepter dans leur évolution... sauf à condamner leur propre carrière. Au point que nombre d'entre eux témoignent d'ailleurs qu'ils croulent sous un travail de gestion et n'ont plus le temps de faire «leur métier» – ce qui sous-entendrait que cette gestion n'est pas perçue comme une part naturelle de leur cœur d'activité!

De leur côté, les entreprises s'intéressent, elles aussi, aux surdiplômés pour leur capacité à ces prises de responsabilité. Ce sont des perspectives qu'elles mettent en avant pour attirer les meilleurs. Par exemple, les grands acteurs des secteurs du numérique, du luxe ou de l'ingénierie, mais également les start-up affectionnent particulièrement ces étudiants pour leurs capacités à gérer ou à piloter des grands projets informatiques, technologiques ou commerciaux. Dans ces contextes, leurs recrues vont systématiquement inclure dans leur travail une dimension à caractère économique, avec des objectifs de performance financière. Cette dimension deviendra le marqueur de leur compétence, qui sera d'autant plus saluée que l'entreprise sera cotée en Bourse et qu'elle obéira aux lois de la finance de marché. Vendre un peu plus cher, dépenser un peu moins, optimiser un processus participent naturellement au bon fonctionnement d'une organisation. Toutefois, quand le modèle global de gestion et de performance se consolide dans des structures qui ont besoin des marchés pour se développer ou se financer, ces responsabilités alimentent en vérité une course à la rentabilité financière, qui elle-même entretient *in fine* la spéculation et ses dérives.

L'illustration la plus emblématique de ces évolutions est représentée par le monde de la finance lui-même. Les diplômés des grandes écoles y sont particulièrement recherchés. Ainsi, les secteurs de la banque et de l'assurance, comme leurs acteurs périphériques que sont les cabinets d'audit ou les fonds d'investissement, sont tout spécialement friands des plus diplômés pour leurs habiletés à manipuler les chiffres, pour leurs capacités d'abstraction et de modélisation, dans des activités où les données financières sont à cet égard fortement déconnectées de la réalité. De fait, le succès des masters en finance ou en ingénierie financière ne se dément pas. Ces formations sont particulièrement plébiscitées par des diplômés avides de compléter un cursus initial déjà prestigieux par un double diplôme pour parfaire un parcours « généraliste ». Ainsi, d'un côté les étudiants d'école de commerce affectionnent les masters en ingénierie financière proposés par les écoles d'ingénieur pour doter leur CV d'un vernis « scientifique ». De l'autre côté, les ingénieurs préféreront les masters en *Corporate Finance* développés par les écoles de management pour consolider un projet dans cette sphère professionnelle. Preuve s'il en est de l'attractivité des métiers d'analyste financier, d'auditeur ou d'actuaire pour les têtes bien faîtes, ces masters fleurissent ainsi dans l'offre de formation continue des grandes écoles. Preuve également que la finance a aujourd'hui besoin explicitement de la complicité tacite de ces brillants cerveaux, formés à la manipulation de modèles de calcul et statistiques parmi les plus complexes, que maîtriseront en particulier les ingénieurs, économistes et statisticiens issus de prestigieux cursus. Mais, de mon point de vue, c'est malheureusement à cet endroit qu'une partie de la classe intellectuelle des élites participe, à l'extrême, à la pérennité de notre modèle économique et financier à bout de souffle. Mon propos ne cherche pas à juger ces choix professionnels – du moins s'ils sont assumés – mais à mettre en lumière que l'image d'une jeunesse privilégiée, diplômée des grandes écoles et militante pour remettre en cause le système capitaliste et ses excès, est loin de faire l'unanimité au sein de cette même génération.

La tyrannie des chiffres

Conséquence de ces rôles de nos cadres gestionnaires, les chiffres et les mesures s'imposent comme une composante incontournable de leur quotidien de travail. Au travers de tableaux de bord techniques, au travers d'enquêtes de satisfaction et de sondages des clients ou autres systèmes de qualité, le nombre est omniprésent dans le quotidien des plus diplômés. Que ce soit dans le secteur privé, dans le milieu hospitalier, dans le secteur bancaire naturellement, dans les administrations, y compris dans des organisations humanitaires, le chiffre a partout et progressivement envahi l'espace du monde du travail, parfois jusqu'aux niveaux d'exécution. Au point que ceux qui n'auraient pas été les meilleurs élèves en mathématiques durant leur scolarité, seraient ensuite rattrapés par le destin et forcés de compter avec le chiffre dans leur travail.

Dans cet environnement hypermétrique, la mission de nos têtes bien faites trouve parfaitement sa place. Ce culte du chiffre est un environnement de choix pour les anciens bons élèves et bons en maths, aguerris par leurs études à manipuler des nombres. C'est d'ailleurs une bonne nouvelle pour nos matheux, puisqu'il se trouve que le monde du travail est de plus en plus envahi par la comptabilisation, comme l'a parfaitement analysé Alain Supiot dans son livre de référence *La Gouvernance par les nombres*. De ce fait, la mission de nos élites se polarise sur la collecte des données, mais bien plus encore sur leur analyse, en vue de prendre les bonnes décisions et de justifier des écarts entre une prévision et un bilan, entre des budgets théoriques et des réalisations concrètes. On parle des ratios de productivité, des taux d'avancement de projets, en passant par les taux de satisfaction client, les niveaux de stocks, les volumes de vente ou l'absentéisme. Tout se mesure. Fort heureusement, nos décideurs sont aidés dans leurs prérogatives par le développement des applications informatiques, et plus encore désormais par l'intelligence artificielle (IA), pour manipuler un volume encore plus conséquent de *data*.

La vie professionnelle de ces « cadres sup' » se résumerait donc à des cours de Bourse, des chiffres d'affaires, des parts de marché ou des économies budgétaires. Qu'ils soient issus de formations scientifiques, financières ou commerciales, les diplômés du supérieur ont donc trouvé dans cette profusion d'indices chiffrés une stimulation intellectuelle à leur taille. Mais ils constatent aujourd'hui la déconnexion flagrante de leur quotidien avec le monde réel. L'abstraction règne en maître absolu dans leur travail, au milieu des prévisions, arbitrages, investissements ou plans d'économie. La tyrannie des chiffres est d'autant plus perverse qu'elle tire son succès d'une illusion, puisque la rationalité considère que tout ce qui est quantifié fait force d'objectivité. La dérive de cette illusion est qu'elle anesthésie les cerveaux les plus vifs, devenus incapables de « naviguer » dans un quotidien sans instruments de mesure. Nos surdiplômés sont tels des marins qui resteraient dans leur cabine, les yeux rivés sur les écrans de la météo, comme source unique de décision, sans jamais sortir sur le pont pour observer l'état de la mer et du ciel. Noyés sous les chiffres, ils y travaillent donc dans leur zone de confort, car la manipulation de données, de nombres et de statistiques leur permet de déployer leur talent d'analyse et de synthèse. Mais, conjuguée à la complexité croissante des organisations, cette inflation de chiffres constitue aussi la principale source d'étouffement de ces premiers de la classe, déconnectés du monde tangible. Obnubilées par des micro-variations de leurs indicateurs de performance, incapables de se saisir de la « *big picture* », nos élites responsables naviguent à courte vue en eaux quantitatives. Elles parlent alors de « perte de sens », conscientes de surcroît d'être la source d'emballement d'un système qui court à sa perte.

Manipulateurs d'argent

Dans un contexte de société où la course « au profit » est de plus en plus contestée, comment les plus diplômés transigent-ils avec ces rôles économiques qui leur sont désormais indissociables ? La réponse est pour partie dans les conditions attachées à leur statut de diplômés de formations supérieures. D'une part, l'argent est une réelle source de motivation pour ceux qui gravissent les échelons des organisations.

Bien que les théories de la motivation aient démontré depuis longtemps que les leviers dits « intrinsèques » – ceux qui dépendent de la personne elle-même – sont plus puissants, le sacro-saint pouvoir de la rémunération exerce encore largement son influence sur la motivation des « cadres sup' ». Les entreprises ne sont pas seules responsables de ce principe de la carotte financière, quoique certaines activent largement ce ressort pour attirer les plus jeunes. Mais les hauts diplômés réclament eux-mêmes leur dû. En effet, du fait du prestige attaché à tout diplôme notoire, chacun réclame la gratification matérielle promise. La fierté d'avoir réussi un parcours scolaire exemplaire attise généralement un certain appétit de reconnaissance par le salaire, comme s'il justifiait la qualité du diplôme et du potentiel qu'il représente. Le fait également d'en avoir « bavé » pour réussir des études difficiles influe nécessairement sur l'attente explicite de récompense.

L'attirance des tout jeunes diplômés pour des promesses alléchantes de rétribution, dits ressorts « extrinsèques », est une réalité qui dicte parfois leurs choix d'orientation professionnelle, à défaut d'avoir clairement identifié le type de travail qui pourrait leur plaire.

Je m'étonne toujours à ce sujet d'entendre certains de mes élèves à l'école CentraleSupélec hésiter sur une proposition d'embauche qui coche toutes les cases de leur projet professionnel, pour la seule raison que la proposition salariale ne serait pas aussi alléchante que prévu, ou simplement qu'elle serait « moins généreuse » que celle d'une entreprise moins désirée. Ce faisant, je ne condamne pas cette envie de reconnaissance légitime. Mais nous devons constater encore aujourd'hui, au moment où les salaires d'embauche à la sortie des grandes écoles atteignent des niveaux exceptionnels, parfois au-delà de 40 000 euros bruts pour certains postes, que le niveau de rémunération demeure un critère essentiel d'orientation – même pour ceux qui prétendent vouloir changer le monde... Au demeurant, toutes les études convergent de manière constante chaque année pour démontrer que les attentes en matière de rémunération restent le premier critère de satisfaction pour plus de deux cadres sur trois. Ce chiffre pourrait-il être lu de la manière suivante : à défaut d'accéder à l'épanouissement, autant avoir de l'argent ?

Au demeurant, le salaire ne suffit pas seul à satisfaire nos manipulateurs d'argent ! Pris dans l'engrenage du pouvoir qui accompagne leur évolution professionnelle, les aînés vont aussi chercher à acquérir d'autres attributs attachés à leur fonction. Le désir de devenir « directeur », de prendre un poste « en vue » détermine nombre des ambitions des anciens diplômés en quête d'un statut social et de signes extérieurs de réussite. Au fil des années, on distingue assez facilement des comportements de « loups aux dents longues » pour désigner ces hommes et ces femmes qui ont fait de la prise de pouvoir un but de vie professionnelle. De son côté, l'employeur aura d'ailleurs tendance à favoriser en priorité la promotion de ces plus ambitieux, afin de miser sur leur motivation, en l'accompagnant des signes extérieurs et avantages statutaires. Naturellement, cette quête de prestige ne diminue pas le mérite attaché à la progression de carrière, mais soyons lucides sur cette réalité dans laquelle la reconnaissance sociale et honorifique constitue encore un déterminant majeur de la motivation de ces profils.

Faut-il en déduire que nos élites sont cupides, intéressées par l'argent, animées par la quête du pouvoir ? Ce serait une généralisation erronée d'une réalité bien plus complexe. Si l'on ne peut exclure que l'avidité et le rapport à l'argent peuvent se combiner pour qu'à un certain niveau des comportements uniquement motivés par le gain se développent, la grande majorité des diplômés du supérieur ne se reconnaîtra pas dans cette image réductrice. Parce que l'autre raison tient aux conditions mêmes de l'éducation des élites. Le parcours universitaire de haut niveau suppose en effet souvent une forme de respect et de loyauté vis-à-vis de l'autorité. Bien que son enquête ait été menée dans un des plus prestigieux lycées parisiens, Sarah Pochon décrit parfaitement cette posture des bons élèves qui se préparent à entrer dans les grandes écoles, dans son ouvrage *Derrière la grande porte* : « Ils écoutent avec attention les consignes, les appliquent, les exécutent avec concentration et contrôle. » Ce sont des traits caractéristiques reconnus des étudiants des grandes écoles, et je dois admettre personnellement que cette motivation pour apprendre est très appréciable lorsque l'on est du côté du corps pédagogique ! Pourtant, ce respect et cette loyauté qui caractérisent les profils des bons élèves constituent en creux une préparation inconsciente à devenir des cadres dévoués, des futurs bons soldats de leur organisation. Ils se distinguent ainsi assez aisément par un comportement empreint de courtoisie et de loyauté envers la hiérarchie. C'est pourquoi les diplômés qui ont fait de hautes études représentent souvent dans le monde du travail une population assez conformiste et obéissante. Cette loyauté est certes une force car elle crée un solide socle de confiance pour les dirigeants, qui ne doutent pas de l'adhésion de leurs lignes intermédiaires. Du fait de leur parcours exigeant, les plus diplômés représentent incontestablement une courroie d'entraînement fiable, un relais de communication robuste, qui procure un véritable confort de commandement pour le sommet des organisations.

Cependant, le revers de ce conditionnement implicite est que la recherche à outrance de la performance n'est pas contestée ; elle est au contraire assumée. Dans la continuité de l'image de ces bons élèves disciplinés et consciencieux, chacun cherche à bien faire son travail pour tenir les objectifs et la récompense qui y sera attachée. Ce n'est donc pas par simple cupidité que nos élites participent au système économique, voire à ses dérives, et qu'elles lui permettent de fonctionner. La justification repose aussi sur un parcours scolaire et universitaire qui aura créé les conditions de l'acceptation docile de cette mission professionnelle. Pour reprendre les termes de Sacha Pochon, ceux qui autrefois « répondaient aux exigences des enseignants [...] et obtenaient les meilleures notes », auront cultivé un goût pour la performance personnelle, convaincus qu'il n'y a « pas le choix, il faut réussir ». Nous sommes de nouveau face à un principe de non-choix. La conséquence d'un cursus scolaire qui ne pousse pas à choisir aura conduit les jeunes les plus prometteurs à ne pas se poser de questions sur leur véritable motivation au travail, sur ce que l'on nomme aujourd'hui le sens de leur travail. Ont-ils choisi de participer par leur métier – pour certains – à entretenir les excès de l'économie ultralibérale ? À défaut de trouver des réponses en eux-mêmes parce que rien ne les y oblige, je déplore donc que des générations de brillants cerveaux s'engagent sans le vouloir dans une spirale d'évolution qui les conduit à prendre en main le destin d'entreprises et d'institutions, et – pour certains – à alimenter alors la spirale de la financiarisation de l'économie.

Des bons soldats

Ainsi, les conditions de l'environnement éducatif et professionnel seraient réunies pour que nos élites participent, consciemment ou non, par leurs responsabilités largement assises sur la gestion financière, à entretenir le modèle libéral, bien que nombre d'entre elles en constatent les dérives. D'une certaine manière, les cadres supérieurs en tirent incontestablement des bénéfices directs et personnels qui expliqueraient une relative inertie. Cette forte identification des élites à leur organisation constitue une forme de déni de leur propre potentiel lorsque cette identification joue contre leurs valeurs personnelles. Les hiérarchies au sein des grandes organisations étant encore extrêmement directives, le diktat de la performance, de surcroît dans les sociétés cotées, est incontestable et incontesté par ceux qui s'y plient. Tout pousserait en vérité les premiers de la classe à accepter l'injonction à la performance plutôt qu'à y réfléchir. Cette obéissance des élites envers l'autorité qu'elle remet peu en question, est donc un profond déni des capacités de réflexion individuelle que ces esprits brillants ont été pourtant invités à développer durant leur long cursus. Exécuter les directives auxquelles on ne souscrit pas, sans sourciller, revient en effet de mon point de vue à renoncer à sa compétence de jugement critique.

La question se pose alors de savoir comment serait-il possible pour les surdiplômés d'exercer leur capacité de remise en cause sur nos systèmes économiques ? Car, souvent, à un certain niveau de responsabilité, la remise en question traduirait un manque de loyauté, voire une contestation envers son employeur. Il y a d'ailleurs ici un paradoxe de la part des directions à attendre de leurs hauts cadres qu'ils se portent garants de la performance telle qu'elle a été pensée et, comme c'est souvent le cas, à leur demander dans le même temps de la créativité, de l'audace, voire de l'impertinence... notamment s'ils sont jeunes ! Ce qui explique combien les multiples chartes d'entreprise qui promeuvent la créativité ou l'innovation, voire la capacité de sortir du cadre, laissent leurs propres employés largement dubitatifs...

Mais des signes d'inflexion apparaissent. Car, dans un contexte qui devient de plus en plus instable et complexe, les comportements de type « bon soldat » sont plus difficiles à garantir par les directions générales. Ceux-là mêmes qui étaient en accord systématique avec les décisions « d'en haut », parce que l'intérêt de l'entreprise ne faisait pas de doute et parce que les décisions semblaient relever de l'évidence, sont aujourd'hui en position d'inconfort majeur et assaillis par le doute. Des cadres supérieurs s'expriment désormais plus ouvertement sur les incohérences de leurs missions, contestent le culte accordé à la profitabilité. Malheureusement, la plupart d'entre eux prennent la parole une fois qu'ils ont quitté leurs fonctions.

Dans le même mouvement, les postes à forte responsabilité n'attirent plus ; le management ou la progression hiérarchique comme source de reconnaissance professionnelle sont passés de mode. Les carrières ascendantes ne font plus rêver car elles sont justement associées à des charges de responsabilité excessives, voire à des compromis intenables. Pire, gagner plus d'argent ne ferait parfois plus recette pour certains de ces profils au CV long comme le bras. Une posture de moins en moins docile au système économique traditionnel émerge notamment dans la jeune génération, mais pas uniquement. Des attitudes de rejet vis-à-vis d'une promotion mécanique par le pouvoir s'expriment même chez les anciens. De nombreuses enquêtes ou sondages sont d'ailleurs venus confirmer ces tendances. Une étude[1] de l'Association pour l'emploi des cadres (Apec) a ainsi révélé, en 2022, que 31 % des cadres rêvent de reconversion et de changer de métier. À défaut de tout plaquer, on parle désormais du phénomène du « *Quiet Quitting* ». Venue d'outre-Atlantique, cette « démission silencieuse » qui consiste « à faire le job mais pas plus », toucherait 37 % des actifs et serait le reflet d'un désengagement notable dans le rapport au travail[2] ; un détachement qui n'épargne naturellement pas ces bons lieutenants usés par des organisations sous pression permanente.

Mais que peuvent-ils entreprendre sans risquer de saboter leurs propres assises professionnelle et sociale ? Mon propos n'est pas d'inviter cet encadrement à la

1. « Reconversion professionnelle des cadres, 6 grandes motivations qui appellent des accompagnements différents », Apec, décembre 2022.
2. « Enquête sur l'implication professionnelle des Français et leur perception de la valeur travail », Ifop pour les Makers, 11-13 octobre 2022.

désobéissance. Si la loyauté est une vraie vertu dans un collectif, et doit rester une qualité reconnue des cadres, la compétence de jugement critique est trop peu sollicitée dans les entreprises parce qu'elle risquerait justement de signifier la désobéissance. Nicolas Kayser-Bril illustre parfaitement ce constat par les lanceurs d'alerte dans *Imposture à temps complet* (p. 179) : « Être loyal envers l'organisation ne veut plus rien dire. On le voit bien dans le traitement des lanceurs et lanceuses d'alerte. Alors qu'ils pensent être fidèles à leur organisation en dénonçant ses dysfonctionnements, il n'est pas rare qu'ils soient punis… pour manque de loyauté. » On ne peut plus, par conséquent, nier que loyauté et valeurs entrent en conflit. Selon une enquête de la Direction de l'animation de la recherche, des études et des statistiques (Dares) en 2021[3], 6 actifs sur 10 sont confrontés à des contextes dans lesquels ils sont soumis à des conflits de valeur. À quel niveau de tension faut-il parvenir pour provoquer un sursaut des élites, qui sont plus affectées encore du fait de leurs rôles décisionnels ? Leur capacité de jugement critique permettrait-elle d'être enfin mobilisée afin d'infléchir certaines prises de décision ?

Des années d'études remarquables et des capacités intellectuelles pointues sont malheureusement anesthésiées au profit d'intérêts dont certains sont purement spéculatifs, détruisent l'économie réelle comme ils abîment la planète. Or, dans un monde en tel chamboulement,

3. Marilyne Bèque, « Conflits de valeurs au travail : qui est concerné et quels liens avec la santé ? » *Dares Analyses*, n° 27, 27 mai 2022.

cet enfermement des intelligences au seul profit de la finance est un véritable gâchis et un danger sur le plan social. Aussi, je défendrai dans la suite de cet ouvrage la nécessité pour les élites intellectuelles d'opérer par elles-mêmes une révolution majeure des positions dont elles héritent du fait de la tradition du système éducatif et professionnel.

LA FIN DE RÈGNE DE LA VOIE ROYALE

L'ACCÉLÉRATION DE L'ÉPUISEMENT

Artisans de l'hyper-contrôle

DES CERVEAUX BRILLANTS, CONCEPTUELS, analytiques, rationnels : quoi de plus adapté à un monde du travail qui se complexifie ? Des cadres formés à la manipulation de données, de modèles, d'abstractions : quoi de plus adapté à une économie de produits et de services de plus en plus sophistiqués et technologiques ? À mesure que les économies deviennent plus globales et interdépendantes, et que l'innovation technologique progresse, les élites intellectuelles sont ainsi recherchées pour leurs capacités cognitives à manipuler l'abstrait, comme l'a parfaitement décrit Matthew B. Crawford dans son célèbre ouvrage *Éloge du carburateur*, en qualifiant ces profils de « manipulateurs d'abstractions ». Le besoin en élites intellectuelles dans les organisations du XXIe siècle répond par conséquent à une indispensable gestion de la complexité croissante de nos sociétés mondialisées. Manipuler des chiffres, des symboles, des modèles, des statistiques, des informations, des tableaux, des algorithmes… sont le lot de ces salariés. Mais, derrière cette complexité inexorable, ce sont les risques que ces organisations comportent que nos cadres de haut niveau ont pour mission de mettre sous contrôle. Car, confrontées de surcroît à un contexte incertain, notamment lorsque les crises s'enchaînent, les organisations développent en effet une forte appréhension pour tout ce qui viendrait entraver la prévisibilité de leurs activités. Cet objectif de maîtrise, qui se transforme rapidement en une chasse à l'incertitude, fait donc appel à l'intelligence des plus diplômés. Les bons soldats sont appelés pour endiguer, réguler, modéliser la complexité à tous les stades des processus opérationnels, du commercial à la production, en passant par la logistique, les ventes ou la gestion des ressources humaines ; aucune fonction n'échappe aujourd'hui à cette responsabilité vitale.

Inspiré des activités qui comportent un fort niveau de risque « apparent », comme l'est par exemple l'industrie nucléaire, le « *risk management* » est alors devenu implicitement le modèle de référence dans la plupart des secteurs marchands et non marchands. Il met en place une véritable traque des aléas pour se prémunir de leurs conséquences imprévisibles. Si de telles précautions nous rassurent dans le domaine de la sûreté des centrales nucléaires, elles vont vite prendre la forme d'une dictature du contrôle dans d'autres environnements. Cette hantise de l'aléa a pour effet d'absorber toute l'attention des équipes, provoquant une saturation du travail de l'encadrement qui ploie sous le poids des *reportings* et des procédures de contrôle. À l'instar de l'industrie nucléaire, on observe d'ailleurs dans ces environnements obsédés par le contrôle, une hypertrophie de la mise en place de normes, de standards qualité et autres réglementations. Autocontrôles internes et contrôles par des experts externes ne cessent de se multiplier. Après avoir moqué les années d'avant l'ère informatique pour leur côté bureaucratique, voici donc notre époque moderne ultra-numérisée, marquée par le retour en grâce de la bureaucratie dans toute sa splendeur, le papier en moins ! Dans le même temps, ces mêmes organisations ont souvent fait le choix de rogner sur l'encadrement, sans atténuer l'exigence de contrôle, provoquant alors une intensification du travail, y compris pour les cadres eux-mêmes, que Thomas Coutrot et Coralie Perez illustrent dans *Redonner du sens au travail* (p. 101) : « À effectifs constants, il faut non seulement faire ce que l'on faisait déjà, mais assumer une partie des tâches auparavant dévolues aux managers et participer à des groupes divers et variés de créativité, de qualité, d'innovation, etc. » L'exemple le plus flagrant que chacun pourra constater à son propre niveau, sera l'invasion des processus de contrôle dans le monde bancaire. Qui n'aura pas observé l'incompréhensible accumulation de barrières de sécurité déployées par les banques de réseau pour les opérations financières même les plus banales ! Elles ne sont malheureusement que la partie visible des *process* de contrôles internes du milieu bancaire. Seules les conditions avantageuses de la convention collective des banques et assurances évitent probablement à ce jour le départ massif de ses cadres et employés face à ces contextes de travail qui les dépouillent à l'évidence de toute forme d'autonomie...

Tout contrôler, tout prévoir est au demeurant symptomatique de notre société qui est en incapacité de tolérer l'imprévu. Cette obsession du contrôle est même devenue une culture managériale à part entière. Elle s'est naturellement imposée plus fortement dans les environnements soumis aux lois de la finance, voire à l'impérialisme des marchés; lesquels éprouvent une sainte horreur des prévisions que ne se réalisent pas. Des heures de travail et des tonnes de procédures sont ainsi déployées par des agents bardés de diplômes pour la maîtrise des coûts, face à des directions hantées par les écarts aux sacro-saints «prévisionnels». Le secteur de l'automobile, du fait des masses financières colossales mises en jeu sur son marché hyperconcurrentiel, symbolise le système le plus abouti en matière de contrôle financier. Aucune activité n'y échappe: les sous-traitants, qui sont eux-mêmes des acteurs de taille mondiale, comme les fonctions supports, du développement des véhicules aux services de facturation. Tous sont indifféremment soumis à l'implacable contrôle des dépenses et aux *reportings* financiers dont les moindres écarts sont scrutés à la loupe par des directions générales fébriles à l'idée d'annoncer aux actionnaires affamés que leurs rendements ne seront pas servis selon ce qui leur a été promis. Dans ce secteur qui mobilise des niveaux d'investissement massifs et où les grandes marques se livrent une bataille sans merci, la culture du «*cost killing*» n'est pas uniquement l'apanage des acheteurs, souvent ingénieurs de haut niveau, mais irrigue toute la chaîne de commandement, des usines aux points de vente. D'ailleurs, du fait de cette réputation désormais bien établie dans ce secteur, on s'amuse à constater que les cadres formés par les grands acteurs de l'industrie automobile sont à cet égard particulièrement chassés par des recruteurs d'autres secteurs qui jalousent cette réussite culturelle remarquable et aimeraient importer ces compétences pour leurs propres obsessions économiques !

Voici donc ce contexte du travail de la majorité de nos premiers de la classe : des cohortes de diplômés en charge de contrôler l'incontrôlable. Dotés d'un esprit analytique, capables de manipuler des contraintes, ils sont parfaitement en capacité de concevoir des systèmes informatiques, des *process* de travail, des normes qualité, des règles de fonctionnement ou des standards de gestion pour remplir leurs missions. En cela, sous couvert d'« agilité », les nouvelles méthodes éponymes, telles que le Scrum – méthode agile appliquée à la gestion de projet –, ne sont que d'autres facettes de l'hypercontrôle. Pour s'affranchir des aléas, les bons soldats s'évertuent à « penser » des systèmes de maîtrise de la complexité ; systèmes qui vont eux-mêmes très souvent générer leur propre complexité. Car, ironie de la chose, dans cette fuite en avant, ces processus de contrôle vont invariablement nécessiter des dépenses supplémentaires, parfois disproportionnées, au point que les coûts de surprotection dépasseront de loin le niveau du risque qu'ils cherchent à juguler. En conséquence, nos développements technologiques et mondialisés ont pour effet que la complexité échappe désormais à l'esprit humain et à sa capacité d'entendement. Nos diplômés ont été aspirés malgré eux dans la conception abstraite de systèmes de gestion, de systèmes d'approvisionnement, de systèmes de production... qui, cherchant à sophistiquer les conditions de la maîtrise des risques et à permettre le développement contrôlé des infrastructures, amplifient en réalité ce qu'ils voulaient réduire. Ce faisant, les brillants cerveaux ont perdu de vue l'impact de leur travail, du fait des distances physiques, temporelles et même cognitives avec le réel, masqué par les multiples couches de contrôle. On continue alors de parler de perte de sens... mais ce n'est que le début. Voici pourquoi.

Les injonctions paradoxales : le tout en même temps

Si certains vont se satisfaire d'être stimulés intellectuellement par la recherche de solutions permettant cette mise sous contrôle du complexe, d'autres vont en pâtir. Car cet emballement de la complexité a pour conséquence de démultiplier les paramètres que les « responsables de » sont supposés maîtriser. Jusqu'au stade où cette démultiplication génère ses propres contradictions. La recherche de la fiabilité technique – moins de défauts –, la recherche de la productivité – plus de rendements – ou de la rentabilité – plus de profits –, la recherche de la rapidité – plus de clients –, la recherche de la précision – plus de données – ou la recherche du respect des normes – moins de contentieux –, etc., conduisent, lorsqu'elles se cumulent dans un même environnement, à des injonctions incompatibles. La réalisation de l'une vient s'opposer à la satisfaction d'une autre. C'est ce paradoxe de l'impossible *optimum* de maîtrise qui caractérise désormais le travail des élites prises en tenaille au cœur d'injonctions qui deviennent irréconciliables.

L'expression « injonction paradoxale » caractérise désormais ces situations où l'organisation exprime à ses agents hyperqualifiés des demandes contradictoires qui les mettent en situation d'incapacité à bien faire leur travail. Elle traduit donc une forme de déni du principe selon lequel tout ne peut être sous contrôle absolu, et entraîne des situations où les objectifs auxquels sont soumis les plus responsables entrent en conflit. Parce qu'il est au cœur de nombreux débats actuels, nous pourrions prendre comme illustration le domaine de la santé pour expliciter très concrètement ce que ces injonctions signifient. Soumis aux pressions budgétaires, les soignants doivent ainsi aujourd'hui concilier rapidité des soins et qualité de la relation à leurs patients. Or, nous savons combien la primauté accordée ces dernières années à la productivité, et donc à la rapidité des soins, a occasionné de dégradations dans la prise en charge des malades, au détriment de la relation d'aide. On comprend mieux ainsi les dissonances cognitives que ces injonctions peuvent créer auprès d'une population, soignants comme cadres de santé, animée par la vocation du soin et ainsi empêchée de bien faire son travail. Plus généralement, dans la sphère des entreprises privées, l'injonction paradoxale la plus répandue consiste à relever des objectifs de production ou de vente, tout en réduisant les moyens alloués. En somme, faire toujours plus avec toujours moins, jusqu'au jour où la tension entre l'un et l'autre devient intenable. C'est un classique auquel tout cadre est confronté mais qui n'est pas forcément vécu comme une tension intérieure. Tout est affaire de dosage de cette tension à laquelle la personne se sent soumise. Sauf que des signaux explicites nous indiquent que le seuil de tolérance de cette population docile est aujourd'hui dépassé.

Pour satisfaire ces injonctions dont ils sont comptables, les « bons élèves » sont amenés à développer différentes stratégies. La première consiste à contourner le système. Ici, on évite ou on détourne des règles. Ailleurs, on recherche le bouc émissaire, pour se défausser de ses responsabilités et les reporter sur l'autre. Ailleurs, on adapte les chiffres pour coller aux objectifs attendus. On parle d'ailleurs de manière amusée, de ces indicateurs « pastèque » : verts à l'extérieur, rouges à l'intérieur, qui masquent la réalité quotidienne de l'activité. Le phénomène de l'injonction paradoxale est donc en lui-même porteur de sa propre dérive. À vouloir trop contrôler l'incontrôlable, l'organisation génère ainsi ses propres déviances. Ainsi, certaines affaires emblématiques ne sont que le résultat d'injonctions intenables. Parmi les affaires les plus médiatisées, nous pouvons illustrer les retards de la mise en exploitation de l'A380 par Airbus, ou l'explosion des coûts de la construction de l'EPR de Flamanville par EDF. Elles sont la partie visible de ces projets complexes dans lesquels les directions imposent une telle pression sur des objectifs incohérents et rigides qu'elles induisent des comportements déviants jusqu'aux lignes managériales les plus élevées. Multiples sont les projets, parfois moins visibles par le grand public, où les écarts par rapport aux prévisions, de planning ou de chiffre d'affaires, sont mis sous le tapis pour ne pas subir les foudres d'une direction obsédée par ses objectifs et par la peur de se déjuger. J'ai personnellement connu, comme nombre de cadres, ces contextes hypocrites où tout le monde sait, mais personne n'endosse le courage d'affronter la vérité. Je pense notamment à un projet intégré dans l'extension de l'aéroport de Paris-Charles-de-Gaulle, dans lequel un système de tri des bagages défectueux s'avérait mettre en péril l'ouverture de l'aérogare. Jusqu'au jour où les écarts sont devenus si manifestes qu'ils crevèrent les yeux. Le projet devient alors au sein de l'entreprise une « affaire » interne, provoquant des réactions de vierges effarouchées chez les directions générales déconnectées du terrain.

Mais il y a pire. Il y a aussi ces déviances qui passent par le trucage. L'affaire du « dieselgate » chez Volkswagen fut une illustration éloquente et aujourd'hui avérée d'un principe de détournement qui s'est développé au-delà de la légalité. Victimes d'injonctions intenables, sans doute aussi victimes de la peur de contredire un *top management* inflexible, les équipes techniques du constructeur ont fait le choix de la tricherie comme échappatoire aux directives techniquement intenables. Faut-il avoir réussi d'aussi brillantes études pour en arriver à renier sa rigueur scientifique et mettre son ingéniosité au service de mensonges sur les émissions de moteurs diesel avec les conséquences désastreuses que nous connaissons sur l'environnement...? Dans le même registre immoral, l'enquête de Victor Castanet sur le groupe Orpea, révélée dans son livre *Les Fossoyeurs*, démontre par les témoignages recueillis en interne qu'au-delà d'une direction voyou, il a fallu compter sur la complicité de cadres de santé hyper-diplômés à la tête de certains Ephad pour qu'un système de maltraitance des personnes âgées s'instaure et se banalise. Des contextes que Matthew B. Crawford traduisait en ces termes dans *Éloge du carburateur* (p. 55): «Vu le labyrinthe moral dans lequel évoluent les managers, on peut comprendre pourquoi le sommet de la hiérarchie ne s'embarrasse pas de connaître les détails du processus de production: rien de tel qu'un certain degré d'abstraction pour échapper à toute responsabilité. En revanche, les cadres de rang inférieur ne peuvent éviter de s'affronter au concret, et leur proximité par rapport au travail tel qu'il se fait les oblige à être conscients de sa dimension humaine y compris de ses effets négatifs [...], de l'aliénation engendrée par un environnement de travail qui subordonne impitoyablement le bien intrinsèque d'une activité aux exigences du profit.»

Un investissement sacrificiel

Cependant, avant qu'apparaissent ces comportements déviants, voire indignes, nos surdiplômés vont plus généralement recourir à une autre stratégie; celle du surinvestissement. À l'image du bon soldat, les cadres supérieurs s'engagent souvent corps et âme pour servir la cause de leur organisation. Malgré ces injonctions sur lesquelles ils n'ont pas de prise, animés d'une loyauté sans faille, ils se livrent donc pleinement dans la bataille de la complexité et du contrôle par l'augmentation exponentielle de leur temps de travail. C'est la dernière marge de manœuvre dont ils disposent pour compenser les moyens qu'ils n'ont pas. Le quotidien de nombreux cadres en effet se caractérise par des horaires de travail qui dépassent le cadre légal. Dans notre moule culturel français, et sous couvert d'un statut dit « cadre au forfait », le temps de travail de ceux qui sont « responsables » va largement servir de variable d'ajustement à une charge de travail trop lourde pour être gérée dans un agenda « raisonnable » et répondre aux injonctions irréconciliables. Ce comportement sacrificiel conduit à ne plus compter son temps, à se donner pleinement pour espérer que ces heures supplémentaires – qui ne sont pas rémunérées – permettront de régler les tiraillements entre les objectifs professionnels devenus irréconciliables.

L'avènement des outils numériques a d'ailleurs levé tout obstacle à ce glissement vers le surinvestissement. En étant connectés du réveil au coucher, les diplômés « chefs de » subissent une perméabilité totale avec leur vie privée, quand week-ends et congés ne signifient plus la mise entre parenthèses de leurs responsabilités. C'est l'exemple désormais largement répandu de ces responsables qui traitent leurs e-mails à toute heure, avec les effets pervers que cela provoque vis-à-vis de leurs propres équipes. Dans le contexte de digitalisation croissante du monde du travail, le « connectivisme » serait la nouvelle plaie qui succède au « présentéisme » : une maladie qui consiste à être esclave des outils digitaux pour être disponible, à distance et à tout moment ; une maladie qui affecte par principe toutes les professions intellectuelles qui travaillent « sur ordinateur ». En 2019, un baromètre Malakoff Médéric[4] indiquait que l'empiètement du travail sur la vie personnelle, du fait des outils numériques, affectait 55 % des cadres, contre un taux de 32 % pour la moyenne des salariés. Les circonstances exceptionnelles de la crise du Covid ont particulièrement mis en lumière ce contexte professionnel de surinvestissement des cadres, dans lequel le déploiement massif du télétravail a fait tomber de nouvelles limites.

Pour autant, quoi qu'on en pense, ces comportements sacrificiels ne relèvent pas d'une motivation carriériste. Ils trouvent leur origine dans le modèle de travail que les études ont construit chez ces profils les plus adaptés au système scolaire. En effet, ces anciens bons élèves ont autrefois réussi à l'école par leur capacité de travail et leur capacité à s'adapter au système de notation. Animés par une envie de bien faire, voire par un esprit de compétition et une volonté de se dépasser pour atteindre de bons résultats, ils ont appris à travailler toujours plus pour être au niveau attendu — et sont tous parvenus

4. « Baromètre Santé et qualité de vie au travail », Malakoff Médéric Humanis, 11e édition, septembre 2019.

au niveau attendu puisqu'ils ont été diplômés! Cette discipline personnelle a donc été en partie la raison de leurs réussites scolaires, y compris durant les années d'études supérieures, où – même si les révisions se faisaient parfois «à l'arraché» – les résultats étaient au rendez-vous. Le système éducatif aura donc formaté ses meilleurs éléments à un certain rapport au travail qui leur sera spécifique. Car, une fois entrés dans le monde professionnel, ces travailleurs intellectuels y adopteront les mêmes réflexes, un état d'esprit travailleur qui cherche à bien faire pour atteindre un résultat. Mais à la différence du système scolaire où finalement tout dépend du seul effort individuel, dans le monde professionnel le résultat dépend dorénavant de multiples autres paramètres que ce bon élève d'autrefois ne peut pas maîtriser en totalité.

Une spirale infernale s'enclenche alors de façon sournoise, dans laquelle devenus «bon soldats» ils s'épuisent au travail, reproduisant un comportement qui a toujours bien fonctionné jusque-là. On parle parfois de «*workaholisme*» pour décrire ces bourreaux de travail, souvent malgré eux. Mais, dans un système où nul ne peut tout maîtriser, cette stratégie de l'effort individuel ne paye plus. Elle occasionne alors des situations d'épuisement à force d'investissements et de sacrifices qui ne parviennent pas à atteindre les objectifs fixés. Certains en subissent directement les effets sur leur santé, voire sur leurs vies personnelles. Ce qui conduit alors à des maladies professionnelles, dont le burn-out est l'un des symptômes les plus visibles, bien que ce syndrome lié au travail résulte souvent de causes multiples. Une enquête de Cadremploi[5] en 2019, consacrée au burn-out, a ainsi démontré que 55 % des cadres attribuent leurs maladies professionnelles à un manque de déconnexion. Plus récemment, au sortir des crises sanitaires, l'Apec révélait que 54 % des cadres se déclaraient en épuisement professionnel. Même si les chiffres sont toujours à prendre avec précaution, ils témoignent que la détérioration de la santé des plus haut gradés des organisations, n'est plus un phénomène anecdotique. Ils traduisent une dérive profondément inquiétante dans laquelle le profil même de l'éducation des plus diplômés est un facteur aggravant. Formatés pour ce sacrifice, ces salariés sont de ce fait particulièrement vulnérables face à ces situations. Car ces anciens bons élèves ne peuvent supporter une forme d'échec auquel ils n'ont pas été préparés. Ils ne savent en conséquence pas détecter le moment où il faut tout simplement savoir renoncer à s'investir davantage. Ils n'acceptent pas que l'objectif soit intenable, indépendamment de leur compétence individuelle; ils ne remettent pas en question les injonctions qui émanent de l'autorité et ne dissocient pas leur responsabilité personnelle du résultat collectif.

À cet égard, on oppose souvent les nouvelles générations aux anciennes, soutenant que les premières seraient moins enclines à sacrifier leurs équilibres personnels que les secondes. Si cette tendance se vérifie

5. « #burn-out, ayez l'ambition d'être heureux », étude Cadremploi, juin 2019.

pour partie pour la « génération Y » – née entre 1980 et 1995 –, elle s'applique moins pour les plus diplômés. Formatés par le même moule éducatif, focalisé sur l'effort, et prisonniers de leurs étiquettes académiques, ils adoptent le réflexe de se donner à leur travail comme leurs aînés. C'est pourquoi, malgré un état d'esprit qui claironne : « Je vous en donne pour votre argent », des jeunes diplômés en début de carrière sont également affectés par l'épuisement professionnel.

Ce serait l'exemple de Magali, jeune ingénieure de vingt-sept ans qui, suite à une prise de responsabilité d'un poste junior, se trouve mise sous une telle pression à la productivité, qu'elle n'ose alerter sa direction, par peur de ne pas paraître à la hauteur sur le plan technique. Il lui faudra une année complète pour se remettre d'un burn-out grâce à un suivi psychologique. Naturellement, il ne faut pas en déduire que toutes les élites intellectuelles cèdent à ce principe de surinvestissement et appliquent cette stratégie de l'effort à tout prix dans le travail pour satisfaire aux codes professionnels. Mais gardons aussi en tête qu'il n'est pas toujours possible de se soustraire à cette pression de l'urgence et des contraintes du travail. Beaucoup sont soumis à l'obligation de se surpasser dans le travail, non pour atteindre une promesse de promotion hiérarchique, mais simplement pour échapper au chantage à l'emploi.

C'est donc ainsi que les cadres souffrent aujourd'hui dans leur travail. Cet endroit est l'écart entre l'implication dans le travail pour le faire bien, et la disponibilité requise pour le faire selon les injonctions – plus vite ou plus rentable. Un contenu du travail toujours plus complexe, couplé à des conditions de travail sous pression se combinent donc aujourd'hui pour emmener des cohortes de diplômés à l'épuisement professionnel. Naturellement, comme Dominique Méda et Patricia Vendramin le rappellent dans *Réinventer le travail* (p. 129), ces contextes sont amplifiés par des facteurs organisationnels qui n'épargnent pas les cadres avec « l'intensification du travail, la mise en concurrence des salariés, la charge émotionnelle, le manque de reconnaissance, la défaillance du soutien social, la perte de sens, l'évaluation continue, le rythme des changements organisationnels et technologiques, l'appel à la subjectivité, les tensions avec la vie privée, les conflits de valeurs ». Avec ce cumul, ce surinvestissement des élites dans le travail a donc aujourd'hui dépassé la flexibilité naturelle qui accompagnait leurs responsabilités. Que ce soit par conformisme ou par carriérisme, que ce soit sous la contrainte de l'environnement de travail et de la culture de l'organisation, leur fuite en avant ne semble pas avoir de limites au vu de l'invasion irréversible de la technologie dans le travail. Paradoxalement plus corvéables que les ouvriers et agents de maîtrise, car bénéficiant d'un cadre légal plus souple, les « cadres sup' », comme leurs subordonnés, ont donc fait les frais de la course à la flexibilité du travail. Concrètement, je m'étonne donc que l'on doive encore démontrer par différentes études le désengagement de plus en plus prononcé des cadres dans leur rapport au travail. Je conteste d'ailleurs ceux qui osent prétendre que ceci traduirait un rejet de la « valeur travail ». Le désir de bien faire et de travailler sont intacts, mais ils sont simplement entravés. L'épuisement chronique des cadres fait de la santé au travail l'enjeu désormais primordial pour cette population.

Des bullshit jobs *?*

Face à ce contexte dégradé, on a vu le terme de «*bullshit jobs*» symboliser le non-sens de certains métiers. Pour décrire le travail des cadres envahi par l'abstraction, déconnecté du monde réel, voire destructeur de nos écosystèmes, l'anthropologue David Graeber a en effet popularisé cette expression dans son livre éponyme qui décrit des métiers qui, selon lui, ne servaient à rien. L'auteur à succès y parle de ces «troupes de gens qui passent leur vie professionnelle à effectuer des tâches qu'ils savent sans utilité». Autrement dit un *bullshit job* décrit un métier – littéralement «à la con» – qui ne présenterait pas d'intérêt, pas d'utilité, pas de sens. Si l'expression s'est imposée en quelque temps comme représentative de notre monde du travail, telle une formule choc de notre société, c'est qu'elle a mis un mot sur une réalité des dérives dont les élites sont les premières représentantes. De fait, les *bullshit jobs* désignent essentiellement les emplois de bureau, ces postes sédentaires perdus dans les arcanes des grandes organisations, voire des grandes tours des quartiers d'affaires. Les sketches de l'humoriste Karim Duval – au demeurant lui-même diplômé de l'école Centrale Paris –, tournent ainsi en dérision ces intitulés de poste nébuleux, évocateurs de futilité ou d'inutilité. Les *bullshit jobs* désignent donc explicitement des emplois qualifiés, voire très qualifiés, à forte composante intellectuelle, et abstraite, qui caractérisent en particulier le travail des élites intellectuelles. Thomas Kayser-Bril y voit même une forme de justification des emplois plus qualifiés dans son livre *Imposture à temps complet* (p. 144) : « Comme l'ensemble des membres des groupes dominants n'a pas la possibilité de faire un travail valorisant, certains en sont réduits à faire semblant de travailler réellement. »

C'est donc un concept élitiste qui correspond très largement à l'univers occupé par les candidats les plus attirés par les défis d'abstraction. Nous constaterons d'ailleurs que nous n'utilisons pas cette expression à connotation dégradante pour les emplois très peu qualifiés, parfois peu gratifiants, comme les métiers de ménage ou de gardiennage. Peut-être par respect pour les personnes qui les occupent – l'expression aurait pu suggérer une forme de mépris – mais aussi probablement parce que nous avons tous besoin de propreté ou de sécurité, et que l'utilité de ces métiers nous semble évidente ! Tandis que l'utilité de nos têtes bien faites, assises derrière un bureau, devant un écran, à remplir des tableaux Excel, serait, elle, plus discutable !

Pour autant, je ne souscris pas totalement au message adressé par cette expression. D'abord parce que cela reviendrait à confondre sans doute des métiers intellectuels utiles avec d'autres qui le seraient moins, et à condition de définir ce que nous entendons collectivement par « utilité ». Et si nous changions encore de point de vue : qu'est-ce qui nous autorise en effet à attribuer ce qualificatif de « travail à la con » pour la simple raison que celui-ci nous semble sans intérêt, sans utilité ? Il serait tout à fait concevable qu'une personne, à l'issue de hautes études, puisse être motivée à consacrer ses journées à préparer des présentations – le fameux PowerPoint – pour des comités de direction de grandes entreprises. Si ce consultant exerce son goût de l'analyse, son sens du travail soigné et son attirance pour les interactions avec des postes haut placés, sommes-nous autorisés à caractériser son travail de *bullshit job* ?

En revanche, j'aimerais provoquer un autre pas de côté. Ce qui se dit moins, au travers de cette expression provocatrice, c'est que les *bullshit jobs* sont occupés avant tout par des personnes qui ont le choix ! Quel est en effet le sens de se lamenter de faire un travail sans intérêt ou qui n'a pas de sens, après avoir fait de longues années d'études qui ont justement pour avantage de permettre de choisir ? Le sentiment de faire un travail « à la con » quand on est bardé de diplômes viendrait-il témoigner du fait que l'on n'a pas eu le courage de se poser les bonnes questions sur ce que l'on voulait faire de sa vie professionnelle ? Les *bullshit jobs* seraient-ils le sort réservé aux élites intellectuelles, à ceux qui ont eu la capacité de suivre des études longues, mais qui au final suivent une voie tracée pour occuper un travail « inutile » ? Nous touchons ici, d'après moi, au cœur du problème : la question des *bullshit jobs* ne se poserait pas si ceux qui y postulent le faisaient en conscience. Et je préfère poser ce débat, non pas sous l'angle critique des organisations qui seraient coupables de proposer des postes inutiles comme on le présente souvent, mais sous l'angle de la responsabilité de ceux qui occupent ces emplois. Le problème devrait être regardé prioritairement comme celui de leur manque de courage à assumer leurs «non-choix». Ceux qui accablent ainsi un système «qui n'a pas de sens» se défaussent de leur propre responsabilité.

Des hamsters dans leur roue

Mais, au final, une question nous brûle les lèvres: comment expliquer que ceux qui, pourtant ont acquis suffisamment de diplômes et de prestige professionnel pour être les plus employables sur le marché du travail, ne cherchent pas à fuir massivement ces contextes qui les minent? La raison est simple. Elle tient essentiellement à un attachement au statut social conquis au terme de longues études, et consécutivement à une peur irrationnelle de perdre son travail, son revenu et son statut social; raison qui relève d'un paradoxe de la part de ceux qui ont justement consacré des années à leurs études pour échapper à la dépendance au marché du travail, et se prémunir des risques du chômage.

Quand Élodie, directrice d'agence bancaire âgée de quarante-cinq ans, témoigne: «Je ne sais pas comment je pourrai retrouver un travail si je quitte ce milieu car je ne connais que cela», elle représente cette masse des élites qui se sentent enchaînées à leur poste et à leur entreprise. C'est pourquoi, pour se préserver de cette perspective de « sortie », les cadres développent en vérité une faculté assez étonnante à accepter de vivre des contextes sous fortes contraintes, souvent dans un déni ou un renoncement à leurs propres valeurs.

Cette attitude explique ce rapport de docilité particulièrement spécifique à cette population sensible à l'autorité. De manière inconsciente, cette propension à préserver leurs acquis, ou cette peur de les perdre, par ceux qui ont les meilleurs atouts pour trouver un autre emploi, les conduit à endurer un climat de travail souvent source de stress, de sacrifices et de pressions. Ils peuvent donc volontairement subir une ambiance de travail particulièrement anxiogène ou abrutissante, qui ne peut que s'accroître à mesure qu'ils montent dans les cercles de pouvoir, comme s'il y avait une fatalité à sacrifier son équilibre et sa santé à mesure que l'on évolue dans sa carrière.

Travailleurs acharnés, ils se comparent à des hamsters dans leur roue, qui courent dans un mouvement perpétuel d'ascension qui les épuise, pris dans le tourbillon d'une « *bullshit* atmosphère » !

Car, en matière de souffrance mentale, la satisfaction salariale comme l'augmentation annuelle ne pèsent pas lourd. Sans prétendre qu'il existe une intention malveillante, il est possible de considérer que les employeurs auraient formidablement dupé leurs adversaires à la table des négociations des comités d'entreprise en polarisant le débat sur les avantages sociaux quand, parallèlement, les miettes cédées dans les augmentations de salaires sont compensées par des gains majeurs de productivité résultant de la pression opérée sur le travail des cadres, voire dans certains cas sur les non-cadres. C'est le cas notamment des activités de services dans lesquelles les gains de productivité sont nettement plus contraints et dépendants de la taille des effectifs, en raison de prestations essentiellement basées sur la main-d'œuvre et le temps de travail.

Dans ces sphères, on peut mesurer combien les gains effectués sur les personnels d'encadrement peuvent être un levier majeur de rentabilité. Combien de consultants détachés par leurs sociétés de prestations informatiques se plaignent de ne jamais rencontrer leur manager direct ?

Et demain ?

Cette réalité du travail des diplômés devenus les artisans de l'efficacité et de la productivité d'un monde qui se complexifie, va dans le même temps conduire à leur épuisement. Et, parallèlement, à mesure que cette complexité progresse, il n'est plus possible d'en comprendre la globalité. Les élites intellectuelles sont progressivement affectées et reléguées à la maîtrise de parties d'un tout qui devient inaccessible à un cerveau humain. Noyées dans des organisations de plus en plus imbriquées et complexes, elles ont progressivement perdu la vision de leur impact et donc le sens de leur travail.

Loin de renoncer à la mise sous contrôle global de cette complexité, de leur côté, les organisations fondent aujourd'hui leurs espoirs sur les technologies pour compenser les capacités nécessairement limitées de leurs meilleurs cerveaux. L'émergence de l'IA est naturellement l'étape qui s'annonce pour mieux piloter une complexité accrue et permettre de seconder le travail des élites intellectuelles par des « robots ». À moins que des voix alertent sur les risques de cette fuite en avant technologique, j'entrevois une inéluctable accélération de la démobilisation de la population hyperqualifiée, fatiguée de se voir acculée à la gestion de données, de chiffres et de mesures, d'autant plus qu'elle continue à perdre en autonomie compte tenu de l'enchevêtrement des responsabilités et des circuits de décision qui en résultera. Un cercle vicieux sans doute irréversible serait en marche dans notre XXIe siècle. Dans leur livre *Réinventer le travail* (p. 121), Dominique Méda et Patricia Vendramin nous invitent d'ailleurs à un constat lucide sur le passé récent : « Les nouvelles technologies n'ont pas éliminé la pénibilité : elles l'ont démultipliée, à travers la charge physique et psychologique liée à l'intensification, le changement permanent, l'urgence et l'insécurité de l'emploi. » Les investissements dans les *data* soutiennent naturellement un nouveau pan de l'économie, mais ils façonnent un monde du travail plus immatériel encore, favorable à l'emploi des plus diplômés mais qui participera paradoxalement à la destruction de leur propre équilibre par des contextes de travail plus abrutissants, pénibles et vides de sens. C'est probablement une des facettes dont on parle le moins dans les futurs développements du métavers au travail. Autrement dit, le «*Future of Work*» ne rimera pas forcément avec bien-être!

Les plus érudits du monde économique sont donc happés par cet engrenage de la dégradation de leurs conditions de travail. On pourrait parler de pénibilité irrémédiable du travail intellectuel. L'image de ces cadres à la vie professionnelle frénétique, où le temps s'accélère à mesure que les outils décisionnels structurent leur travail, nous dessine une perspective d'avenir. Couplée au culte de la performance, la spirale de la digitalisation accélère donc l'abstraction et l'hyperconnectivité des emplois ultra qualifiés, et entraîne l'inéluctable aggravation de leur santé au travail. Qui eût cru que les premiers de la classe seraient eux-mêmes victimes des nouveaux maux d'un monde du travail qu'ils façonnent par leur intelligence? Je les invite donc à la lucidité sur ce constat. Ils ont un choix à opérer: défendre d'un côté les intérêts d'une économie mondialisée en quête de toujours plus d'innovation, ou défendre de l'autre les intérêts fondamentaux de la santé des travailleurs... dont ils font partie intégrante.

Le déclassement qui vient

De vrais-faux départs

« Les diplômes, c'est la garantie d'avoir un emploi dès la sortie des études ! » Les scores maximaux d'insertion professionnelle dont certaines écoles s'enorgueillissent, ne nous font pas douter de cette affirmation. Et pour autant, il n'en est rien, et il est temps de faire tomber un véritable tabou attaché aux études longues. Ainsi, sur le site de la Conférence des grandes écoles dont nous avons parlé au tout premier chapitre, on apprend qu'en 2022, le taux d'insertion des diplômés, six mois après la sortie d'études, est de 79 %. Le calcul est simple : un jeune diplômé de grande école sur cinq n'a pas trouvé de travail dans les six mois de sa fin de scolarité ! Dans son baromètre de 2022 sur l'insertion des jeunes diplômés[6], l'Apec confirme ce constat éloquent : chaque année, près de 15 à 18 % de ces jeunes ne sont pas en emploi douze mois après leur sortie

6. « Baromètre 2022 de l'insertion des jeunes diplômé·e·s », Apec, 4 avril 2024.

d'études supérieures. Ce niveau d'insertion est d'autant plus faible que la moyenne masque de surcroît de fortes disparités de filières, de même qu'une grande variabilité dans les conditions d'emploi. En effet, l'analyse de la nature des emplois des nouveaux entrants diplômés du supérieur sur le marché du travail, révèle une proportion non négligeable de contrats courts – CDD ou intérim –, de 25 % à 33 % selon les années. Aussi, comme le confirmait dès 2014 une étude[7] du Centre d'études et de recherches sur les qualifications (Céreq), parmi les 80 à 85 % des jeunes diplômés qui sont en activité, plus d'un quart occupe un emploi qui ne correspond pas à son niveau de qualification. Ce qui signifie donc en résumé que seul un diplômé sur deux aura signé un CDI dans les premiers mois qui suivent sa fin de scolarité pour un travail qui correspond à son diplôme ! Comme le conclut le journaliste Jean-Laurent Cassely, dans *La Révolte des premiers de la classe* (p. 70), « pour tous les diplômés parvenus au grade de bac +5, le diplôme n'assure plus mécaniquement cette position socioprofessionnelle privilégiée, pour laquelle les parents auront investi temps et argent ». C'est un déclassement sans appel.

Naturellement, le discours qui est systématiquement servi est que nos diplômés sont bien mieux lotis que leurs camarades moins qualifiés. Ce qui est juste, mais il est faux de tronquer le raisonnement en supposant

7. Philippe Lemistre, « Déclassement et chômage : une dégradation pour les plus diplômés ? État des lieux de 2007 à 2010 », *Net. Doc*, n° 123, Céreq, mai 2014.

que les diplômés du supérieur sont tous courtisés dès le diplôme en poche. Cette réalité est à cet égard un véritable paradoxe pour cette jeunesse qui, au terme de longues années d'études, se voit privée d'une facilité pour laquelle elle aura travaillé dur... et parfois aussi investi beaucoup l'argent. Avouons que ce paradoxe est assez dérangeant. Seuls quelques rares diplômés de grandes écoles continuent de bénéficier d'un rapport très favorable entre l'offre et la demande, comme nous l'avons développé en première partie, notamment les jeunes sortis des écoles du top 10 des classements. Mais, pour des milliers d'autres, la terre promise d'un emploi satisfaisant et rémunérateur peut se transformer en parcours du combattant pour l'intégration professionnelle, même pour des diplômes en apparence prestigieux – à l'instar de Ingrid, diplômée d'un master 2 en développement durable à Sciences Po, qui a enchaîné des CDD durant trois années au sein de plusieurs services RSE du groupe Eiffage avant d'obtenir enfin un CDI, ou Théo, titulaire d'un doctorat en physique, à qui il aura fallu plus d'un an de recherche d'emploi pour enfin décrocher un poste en CDI en R&D au sein d'une filiale du groupe Saint-Gobain.

Ce qu'il faut souligner pour expliquer ces conditions tout en nuances pour les «*just graduated*», c'est qu'elles ne dépendent pas uniquement du marché du travail. Le niveau des embauches et de la conjoncture est souvent avancé comme le prétexte à ces difficultés... et pourtant ces données n'ont que peu varié depuis une décennie. La raison est que ces difficultés résultent de la course nationale vers la poursuite d'études. En vérité, le nombre annuel de titulaires de diplômes de niveau master croît aujourd'hui plus vite que la capacité du marché du travail à créer des postes de niveau cadre intermédiaire ou supérieur. Entre 2010 et 2020, les effectifs étudiants dans l'enseignement supérieur ont progressé de près de 500 000 ; ce que Louis Chauvel explicite clairement dans son ouvrage *La Spirale du déclassement* (p. 72) : « Comparée à la croissance vive du nombre de diplômés, la démographie des professions intermédiaires et des cadres est trop lente pour absorber le flux de candidats qui doivent alors se contenter de positions moins avantageuses. » L'engouement pour les études a ainsi provoqué un engorgement des nouveaux postulants qui affluent vers les métiers dits « cadres » ; engorgement qui s'amplifie chaque année, emportant avec lui les frustrations de milliers de jeunes en sortie de cursus universitaires. La recherche collective du « meilleur » dont nous parlions en première partie a donc pour revers de saturer le paysage des premiers emplois face à un marché où ne pas avoir une première expérience demeure un « handicap », quel que soit le niveau d'études. Cette déconnexion entre les cohortes de diplômés bac +5 et l'offre du marché du travail conduit à une déqualification inévitable de nombre de ces diplômés qui ne peuvent trouver un emploi à la mesure de leur niveau académique. Ils sont alors contraints de se tourner vers des emplois moins qualifiés, initialement réservés à des niveaux d'études moins poussés, et privent ainsi mécaniquement ces derniers, tels les titulaires de licence ou BTS, d'un emploi correspondant à leur qualification.

Ce phénomène du ruissellement se traduit en bout de chaîne par des tensions sur les emplois aux niveaux les moins qualifiés. Le paradoxe est donc que plus il y a de diplômés dans l'enseignement supérieur, plus les difficultés d'insertion des jeunes moins qualifiés augmentent. Si elles n'expliquent pas tout, les variations de conjoncture ont néanmoins pour effet d'aggraver ces constats. La récente crise sanitaire a démontré la grande fragilité des conditions d'insertion des jeunes diplômés, premières victimes du gel des embauches. Ceux que l'on pensait protégés des affres du marché du travail sont donc tributaires comme leurs anciens camarades moins doués en maths, d'une intégration professionnelle soumise aux aléas de la conjoncture économique. En l'espèce, la comparaison régulière des taux d'emploi entre les profils non qualifiés et les surqualifiés aura été l'élément fondateur de la croyance dans la garantie d'insertion des seconds. Cette réalité mal connue du grand public démontre combien les chiffres ont un pouvoir d'illusion. Naturellement, ne doutons pas que, face à ce déficit d'insertion, certains établissements du supérieur peu scrupuleux ne soient tentés de faire de la surenchère en suggérant aux élèves en mal d'emploi de compléter leur CV par un double diplôme. On comprend bien la ficelle. C'est pourtant en creux ce qui se joue aujourd'hui sur ce marché des écoles privées, dont certaines ne reculent devant aucune contre-vérité pour remplir leurs classes de jeunes étudiants en perdition sur un marché du travail saturé. D'où l'expression de Monique Dagnaud et Jean-Laurent Cassely, dans *Génération surdiplômée* (p. 89), au sujet du diplôme de l'enseignement supérieur devenu « un trompe-l'œil, qui embrasse un ensemble disparate de parchemins, dont certains ont une valeur dérisoire ».

Des trappes à vieux

Arrivés à l'étape de la mi-carrière, on parle désormais de « seniors » dans un vocabulaire des ressources humaines très éloquent pour désigner le franchissement du seuil de l'âge de quarante-cinq ans. Ce terme « senior » décrit bien la brutalité qui est associée au milieu de la carrière professionnelle dans le monde du travail, puisqu'il a été emprunté à ceux qui ont déjà atteint l'âge de la retraite. Ce glissement sémantique vient signifier que le « sommet » de la carrière ne se situe plus désormais à la fin de la trajectoire professionnelle, mais au milieu ! Car, pour les plus diplômés qui ont justement commencé à travailler à vingt-trois, voire vingt-cinq ans, l'âge de quarante-cinq ans se situe à peine en milieu de carrière. Quelle que soit l'issue des réformes successives, l'âge de départ à la retraite de nos élites sera au minimum de soixante-sept ans... Concrètement, l'enjeu de longévité des cadres supérieurs dans leur emploi consiste dès lors à endiguer un éventuel risque de stagnation dès qu'ils atteignent vingt années d'expérience, face à la raréfaction des places disponibles aux grades supérieurs. Le cap de la cinquantaine résonne donc comme le clap de fin de la voie royale, et vient casser une dynamique d'évolution qui a jusqu'alors fonctionné comme une mécanique bien huilée. Ainsi, quoi que la pensée mainstream laisse entendre, la progression hiérarchique ou fonctionnelle demeure la meilleure parade pour rester dans le « système » dans un modèle pyramidal qui est encore largement répandu. Le milieu de carrière signe donc un passage vers une période implicite d'incertitude fonctionnelle, qui est d'autant plus redoutée qu'elle s'accompagne d'un déclassement potentiel. Cependant, moins que le risque de stagner, c'est la perspective grandissante du risque de perdre son emploi qui caractérise le cap de mi-carrière. Avec l'interruption précoce de la progression mécanique, les cadres ne sont dorénavant plus assurés de garder leur emploi, d'autant qu'ils sont alors étiquetés comme étant « trop chers ». Des DRH m'ont ainsi indiqué que ce phénomène portait un nom : les « trappes à vieux » puisque, passé un certain âge, ils disparaissent... Ainsi, l'Apec communique[8] sur un taux de chômage des cadres de plus de cinquante-cinq ans de 6 à 7 %. Mais cette donnée masque une réalité bien peu glorieuse, car il ne faut pas en déduire que 93 % des cadres de plus de cinquante-cinq ans sont en poste... En vérité, une part bien significative aura déjà perdu son CDI pour troquer son travail en statut indépendant — une réalité que nous développerons au chapitre suivant.

En vérité, les « chargés de » ou « directeurs de » sont bien placés pour le savoir : les coupes budgétaires

8. « Les cadres seniors de 55 ans et plus demandeurs d'emploi : pratiques et difficultés de recherche d'emploi », Apec, 24 janvier 2022.

s'intéressent en premier lieu aux charges salariales. Ils en sont d'ailleurs les architectes. Pour servir les objectifs de gestion que nous avons exposés en première partie, les cadres supérieurs travaillent donc avant tout – directement ou indirectement – à limiter, voire à réduire les effectifs. De manière implicite, les cols blancs produisent donc du chômage par cette obsession de la maîtrise des coûts; du moins, ils s'attachent à limiter la création d'emplois. Ces responsabilités, qu'ils exécutent avec un sens du devoir incontestable, ne font cependant qu'alimenter la spirale de la productivité dont ces «chefs de» sont désormais eux-mêmes les victimes. En appliquant les directives d'optimisation, les élites ont ainsi créé les conditions de leur propre précarisation. Tel un retour de bâton, après avoir usé du levier de l'optimisation des coûts par la réduction des effectifs sur les postes dits «de la base» ou des sous-traitants, les lignes d'encadrement et les emplois qualifiés seront eux-mêmes dans le collimateur des organisations en mal d'économies.

Tous, variables d'ajustement

Pourtant corvéables sans limites lorsqu'ils accèdent à des responsabilités élevées, les diplômés seront désormais victimes d'un marché de dupes. S'ils ont souvent la croyance d'être indispensables à la bonne marche de leur organisation, ils sont de plus en plus nombreux à avoir conscience d'appartenir aux variables d'ajustement des marchés et des priorités budgétaires.

À mesure que les crises s'enchaînent et que les suppressions des postes moins qualifiés n'auront pas suffi, les entreprises ont dorénavant moins de scrupules à casser le contrat moral avec leurs fidèles lieutenants. Même après des années de bons et loyaux services, la promesse d'une garantie de l'emploi est caduque. Cette situation crée dans ce cas une relation ambivalente dans le rapport professionnel qui prévaut entre l'encadrement et sa propre direction générale. Car il est évident que les cadres des lignes managériales entretiennent avec leurs états-majors un rapport entre semblables, dans un engagement presque total pour la défense de l'entreprise. Dans ce contexte, un haut niveau de partage et de transparence sur les priorités et les enjeux de l'organisation s'est instauré entre eux. C'est là tout le paradoxe de cette position de « cadre sup' » qui se donne corps et âme à l'entreprise, sans compter ses heures, avec loyauté, mais qui – au moindre retournement de conjoncture, de changement d'actionnaire ou d'humeur de sa direction – peut sortir des effectifs. Pourtant unis pour le meilleur et pour le pire, leurs employeurs et leurs managers cassent ainsi un certain lien de confiance qui les soudait. À l'image de Paul, directeur industriel d'une division du groupe Air Liquide, qui exprime son départ en des termes éloquents : « Après plus de vingt ans dans la maison, à travailler comme un dingue sur les plus gros dossiers, je me retrouve à la porte, comme n'importe quel autre salarié. » Ces bouleversements dans les rapports de confiance ne sont pas sans influence sur la jeune génération et la retenue qu'elle témoigne parfois à s'engager pour son employeur. En effet, nombre de jeunes diplômés issus de familles aisées auront vécu un épisode de licenciement d'un parent, ce qui teinte à l'évidence leur posture d'une réserve compréhensible vis-à-vis de l'entreprise.

Le tabou est donc tombé: « se faire virer » est une possibilité même pour les mieux diplômés. Aucun ancien « bon élève » auréolé de son parcours professionnel exemplaire au sein d'une major de l'économie française, n'a l'assurance de conserver son emploi. Preuve en est que les cadres font partie, comme les moins qualifiés, des vagues de suppression de postes par licenciements collectifs, tels que les PSE – Plans de sauvegarde de l'emploi. Nous devons en effet casser les clichés de ces plans sociaux médiatisés par des blocages d'usines. Whirpool ou Goodyear auront gravé dans nos inconscients collectifs une image erronée de ces contextes de restructuration économique. Car, désormais, ces plans de licenciement se déroulent aussi dans les bureaux feutrés des sièges sociaux. Plus discrets, moins révoltés, les cadres des fonctions supports y subissent cependant les mêmes effets de ces décisions souvent pilotées depuis les états-majors localisés outre-Atlantique. Les motivations sont naturellement toujours les mêmes. En l'occurrence, s'il ne s'agit pas de réduire la main-d'œuvre « de production », ces plans de départ cherchent à réduire les « frais généraux », qui sont la bête noire des analystes financiers. Je n'ai pas besoin de donner d'exemples de ces grands groupes internationaux sans scrupule qui usent avec envie de ces méthodes « d'optimisation », car il suffit pour s'en convaincre de constater qu'à l'instar des fermetures d'usine en province, désormais les sièges sociaux se vident dans les quartiers d'affaires.

Pire, les licenciements individuels de cadres supérieurs sont devenus une pratique courante, souvent pour des motifs qui relèvent du fait du prince. Pour autant que l'employeur y consente, ces licenciements bénéficient encore toutefois d'une forme de traitement « privilégié », puisque la personne aura la possibilité d'entrer dans la négociation « financière » de ses conditions de départ. Les épisodes de rupture de contrat de travail des cadres se déroulent alors dans un climat secret, souvent malsain, chacun jouant d'un rapport de force, dans lequel la direction cherche à limiter l'indemnité de licenciement, et le cadre à obtenir justice de ses efforts, quitte à s'adjoindre les services d'un avocat. Dans ce jeu du chat et de la souris, les ruptures individuelles maquillées pour faute se multiplient, naturellement davantage chez les employeurs les moins scrupuleux ; d'autant que les moyens de contrôle font défaut à une administration qui croule sous les plaintes. Ainsi, les ruptures abusives se banalisent et les patrons et DRH voyous ont désormais le champ libre pour traiter leur encadrement avec un respect minimal, d'autant que les dispositions légales ne font que s'assouplir, à la fois en termes de procédure et d'incidence financière. L'histoire de Jean-Robert, directeur du contrôle de gestion d'une société de distribution d'eau potable, dont il est salarié depuis près de trente-cinq ans, ressemblera à tant d'autres : il se présente, comme chaque matin, à son travail, et constate à sa surprise que son badge d'accès au parking ne fonctionne pas. On l'informe alors qu'il est mis à pied, son ordinateur et son téléphone professionnel lui sont immédiatement confisqués, et aucun motif ne lui est exprimé, puisque cela lui sera notifié dans un futur entretien. Une brutalité que l'on retrouve dans le contexte de la culture sans foi ni loi du groupe Orpea parfaitement décrit par Vincent Castanet dans son enquête *Les Fossoyeurs*.

Malgré leur identification spécifique à l'employeur, les gradés rejoignent dès lors la cohorte de tous les salariés dans la fragilité de leur contrat de travail. En tout état de cause, le cliché de ces cadres supérieurs confortablement installés dans une rente de situation professionnelle est bien révolu. Les « cadres sup' » seraient-ils finalement également les victimes faciles de cette flexibilité insidieuse et grandissante de droit du travail ? Quoi qu'il en soit, c'est souvent en deuxième partie de carrière que se déroulent ces épisodes de chantage malsain du fait d'un *top management* sans scrupule. Les situations de harcèlement moral pour pousser des cadres à la faute ou à la sortie, ne sont pas une légende. Il ne s'agit pas de noircir la réalité, mais de constater avec réalisme les dégâts psychologiques majeurs vécus par des « responsables de » qui se donnent sans compter à leur organisation ; des climats d'autant plus odieux qu'ils se déroulent dans une totale opacité qui profite du silence des victimes.

Des joueurs de chaises musicales

Pour ces raisons, lorsque restructurations, baisses d'activité, plans d'économies se profilent, la priorité pour les cadres supérieurs consiste à se préserver des éventuelles répercussions sur leur poste. Ils vont tout naturellement développer des stratégies d'évitement et tenter de reprendre le contrôle sur ces contextes qui alors leur échappent. En cas de turbulences fortes, les jeux de pouvoir et d'influence vont envahir et pourrir le quotidien de ces postes à responsabilité. Face à la peur de « prendre la porte », la défense des intérêts personnels guide les comportements plus que l'intérêt collectif ou celui de l'organisation elle-même. Qui n'a pas observé, pour les niveaux les plus haut gradés où les places sont plus rares, de véritables luttes intestines pour défendre contre vents et marées une position hiérarchique ? Tel un jeu de chaises musicales, chacun s'observe pour ne pas être celui qui sera désigné comme perdant. En cas de coup dur, les têtes bien faites développent donc des stratégies d'autant plus déculpabilisées que la complexité des systèmes ne permet plus d'identifier précisément la cause unique d'une défaillance de l'organisation. S'il n'existe naturellement pas de récit public de ces manigances peu flatteuses, je peux relater combien je fus témoin à maintes reprises, lors de mes expériences dans de grandes maisons, de ces gesticulations habiles des plus carriéristes.

Il résulte de ces contextes de crise une ambiance de psychose : « Pas de vague », entend-on ici ; là, on joue «petit bras». Ce que Matthew B. Crawford analyse de manière caustique dans *Éloge du carburateur* (p. 181): «La préoccupation du management est le maintien du consensus et la prévention des conflits, et tout le monde se sent dès lors obligé de marcher sur des œufs.» Ce sont là les symptômes d'un conservatisme qui est naturellement contraire à l'intérêt des organisations. Le profil de premier de la classe lui-même prépare ces réflexes déviants. Ils ont pour la plupart connu la réussite scolaire et traversé leur scolarité et début de vie professionnelle sans véritable confrontation à l'échec, qui serait vécu comme une faillite personnelle. «Les louanges constantes délivrées aux élèves les plus doués ont des conséquences pernicieuses, en particulier quand elles sont accompagnées par l'inflation de notation et de cursus laxistes qui sont d'usage dans les établissements d'élite», soutient Matthew B. Crawford (p. 235), soulignant que ces conditions épargnent de toute confrontation à la réalité et développent ainsi une incapacité à affronter l'inconnu ou l'incertitude. C'est pourquoi, et plus encore quand les turbulences arrivent, les plus haut gradés vont assumer leurs responsabilités dans le juste respect des règles, sans «dépasser», pour mieux se fondre dans la masse, piloter leur activité au plus juste afin de tenir les objectifs sans prendre de risque. Ces bons élèves veillent aux écarts avec la crainte d'être l'objet de décisions radicales vers la porte de sortie. Face à ces contextes, nos élites intellectuelles peuvent se comparer à des joueurs de mikado, retirant «des bâtons» mais sans que leur action ne touche au reste de l'organisation, au risque de voir s'écrouler le système pour des raisons d'interactions que nul n'avait pu voir venir ou ne maîtrisait – et éviter que l'effondrement ne se retourne contre soi !

Des indices de précarisation

Si elles disposent d'avantages sociaux plus confortables que les autres catégories socioprofessionnelles, les élites intellectuelles n'en connaissent pas moins de nos jours des conditions d'emploi désormais aussi fragiles. D'ailleurs, le salaire moyen actuel d'un cadre n'est plus que deux fois et demie celui d'un ouvrier lorsque, dans les années 1960, ce rapport était quatre fois supérieur. Ce qui conduit à réviser nos représentations dépassées sur le rapport au travail de cette population trop souvent considérée comme « privilégiée ». Car, derrière ces contextes se cachent d'autres formes de dégradation des conditions sociales. Par exemple, pour les plus jeunes qui font très tôt face à des difficultés d'insertion professionnelle, c'est l'accès au logement qui est rendu impossible sans le graal du CDI ; ce qui explique que nombre de jeunes, y compris parmi les plus diplômés, soient contraints de résider chez leurs parents. Pour les autres, ce sera le poids éventuel d'une dette contractée pour financer des études onéreuses qui amplifie les difficultés d'entrée dans la vie adulte et l'installation familiale. Car, pour ces jeunes qualifiés, les emplois sont souvent concentrés dans des grandes villes qui ne leur permettent plus d'y résider, compte tenu de la pression immobilière. Ainsi, en région parisienne, où réside plus de 50 % de la population des cadres de France, l'accès à un logement au cœur de Paris devient impossible même pour les diplômés du supérieur les mieux rémunérés, contraints de s'éloigner dans l'agglomération pour s'assurer une surface confortable.

À l'autre bout de la carrière, les aléas de conjoncture et les transformations à marche forcée ne protègent donc plus les cadres des affres du chômage. Mais ces transitions peuvent entraîner une spirale infernale. La difficulté à rebondir augmente avec l'ancienneté : les plus de cinquante-cinq ans connaissent souvent des périodes de recherche d'emploi de plus de deux ans. Le terme « précarité », pourtant longtemps étranger à la situation professionnelle des CSP+, est ainsi malheureusement devenu une réalité pour certains. Croiser un cadre allocataire des minima sociaux n'est pas un fait d'exception lorsque les événements de vie professionnelle se synchronisent avec des aléas de la vie personnelle, créant la spirale de déclassement. Prenons l'exemple de ces situations courantes de tensions professionnelles qui peuvent souvent rejaillir sur l'équilibre de la vie personnelle, favorisant les contextes de séparation. Il est avéré que les couples de cadres divorcés se confrontent à une amplification de leurs éventuels décrochages professionnels. Et, plus spécialement, la situation des femmes cadres isolées avec garde d'enfant condamne de manière plus aiguë encore leur possibilité de « faire carrière ».

En résumé, le temps où faire de longues et prestigieuses années d'études permettait d'accéder à une parfaite tranquillité pour toute une carrière a disparu. Le sens des événements sociologiques comme économiques fait que les bardés de diplômes abordent la vie professionnelle avec finalement la même incertitude que les salariés plus modestes. Louis Chauvel en décrypte les conséquences avec lucidité dans *La Spirale du déclassement* (p. 93) : « Un niveau de diplôme est une promesse d'avenir meilleur mais, si les perspectives et les débouchés viennent à manquer, faute de pouvoir disposer de places relativement confortables en nombre suffisant, l'écart entre les promesses et la réalité peut être source d'une tension insoutenable et de lourdes frustrations. » Certains pourraient se réjouir de cette égalisation du sort professionnel entre les cols bleus et les cols blancs. Ce serait une forme de justice, quand les seconds ont longtemps vécu dans une bulle à part des premiers. Cependant, je constate que nous assistons en l'occurrence à un nivellement par le bas; une tendance qui devrait donc tous nous inquiéter. Certes, on pourrait m'opposer qu'une proportion encore faible des plus diplômés est concernée. Mais j'ai la certitude que ces tendances sont des indicateurs préoccupants d'un changement profond à venir du rapport au travail pour tous les actifs. Dans mes rencontres, une grande part de la détresse de ces cadres, jeunes ou seniors, qui traversent des épisodes parfois tragiques de précarisation, vient de leur impréparation à vivre ces transitions ou difficultés professionnelles aux conséquences sociales directes. Cette détresse est à la hauteur du rêve qui a longtemps été entretenu autour de l'accès aux études. C'est à cet endroit que je pose la question sur le sens de toujours chercher le « meilleur ». Car ce critère de choix est devenu un concept vide de sens. La promesse du « meilleur » avenir assuré grâce aux diplômes n'est plus, malgré le discours entretenu par certains acteurs de l'enseignement supérieur. Mon propos n'est pas de contester la valeur des diplômes. J'invite au contraire chacun, étudiant et parent, à questionner cet imaginaire qui s'est construit depuis des décennies autour de la réussite universitaire, pour faire tomber l'illusion dans laquelle nous nous berçons. Il me semble salutaire de faire cet exercice de prise de conscience pour protéger nos enfants et mieux les préparer aux difficultés du monde du travail qualifié.

De nouvelles règles du jeu

Les nouvelles frontières de l'élite

Quand, d'un côté, le paysage économique et social fragilise la trajectoire professionnelle des élites, de l'autre, l'environnement mondialisé va également jouer un rôle de déstabilisation de leurs acquis historiques. Les établissements nationaux ont vu ainsi apparaître une menace nouvelle en provenance de l'international. Les fleurons français bénéficiaient jusqu'à présent d'une relative stabilité, quand le développement des pays émergents tels que l'Inde ou la Chine par exemple, est venu bousculer l'ordre établi des grandes universités de renommée mondiale. Car de nouveaux acteurs de la formation de haut niveau se sont alors positionnés progressivement en concurrence avec ceux qui furent leurs propres modèles. Cette évolution a été largement stimulée par l'apparition d'un classement mondial – l'indice de l'université de Shanghai. Au départ fort décrié, il s'est imposé comme le baromètre de référence de la hiérarchie mondiale des institutions d'enseignement supérieur. Ce classement repose essentiellement sur des critères liés à la recherche académique, tels que le nombre de prix Nobel, de publications scientifiques ou de citations de chercheurs. Ainsi habilement pensé pour favoriser les nouveaux venus des grands pays émergents, tout en respectant la position séculaire des plus prestigieuses universités américaines, telles que Berkeley ou Harvard, ce classement de Shanghai a initialement été défavorable aux établissements français.

En effet, nos « grandes » écoles et universités ne possèdent pas une envergure comparable à celles des universités anglo-saxonnes, car les tailles de leurs promotions d'étudiants ou de leurs laboratoires de recherche sont nettement plus modestes. Du fait de cette spécificité de notre système éducatif, nos plus prestigieuses institutions se sont retrouvées reléguées au milieu du classement de Shanghai. Cela ne signifiait nullement que la qualité de nos établissements tricolores soit remise en cause, mais uniquement que les critères de l'échelle chinoise étaient autres que ceux qui avaient fondé notre modèle national. Dès lors, sans qu'un débat ne se pose sur la pertinence de cette décision, les grandes écoles et universités françaises, à l'instigation de l'État français, ont orienté leurs stratégies pour accéder aux meilleures places dans ce classement. En misant sur l'élargissement des effectifs étudiants, grâce à des regroupements d'établissements, également par le recrutement de chercheurs de renommée mondiale et de leurs publications scientifiques, certains établissements, au premier rang desquels l'université Paris-Saclay, ont pu récemment se hisser dans le top 50 du classement de Shanghai. Si notre orgueil national peut se féliciter de cette reconnaissance, il est sans doute trop tard pour questionner l'objectif et les motifs qui ont amené nos universités à vouloir combattre leurs alter ego étrangers sur leur propre terrain, à se jeter à corps perdu dans une compétition dispendieuse, plutôt qu'à revendiquer leur singularité.

Mais arrêtons-nous néanmoins sur cette course au classement. Elle renvoie implicitement à l'idée que les diplômes qui, autrefois, sentaient bon le cocorico, peineraient à se faire reconnaître si leurs écoles et universités ne figuraient dans le haut du baromètre chinois. De mon point de vue, cette vision du monde est contestable. D'abord, les investissements massifs décrits plus haut pour figurer sur le podium mondial s'adressent à l'élite de l'élite. En visant ces premières places, les grandes universités mondiales cherchent à attirer prioritairement ceux et celles qui, sortis de leurs cursus, prétendront faire carrière dans les plus grandes organisations internationales. C'est le modèle qui prévaut actuellement pour les lauréats des meilleures universités anglo-saxonnes, comme Stanford ou Cambridge. Seul un carré étroit d'employeurs est en effet en capacité d'honorer des salaires d'embauche à la hauteur de l'investissement requis par ces universités. Rappelons en effet que les scolarités des universités américaines se situent, pour les plus modestes, autour de 50 000 euros par an. Concrètement, l'ambition non voilée est d'attirer les plus brillants étudiants internationaux, désireux de bénéficier du prestige des diplômes universitaires les mieux classés pour réaliser leur ambition professionnelle. Mais, soyons lucides, cette perspective entraîne implicitement une sélection par les moyens financiers, puisque seules des familles aisées – voire fortunées – pourront effectivement demain financer de telles études supérieures en France à leurs enfants. Le paradoxe serait donc que ces stratégies, en permettant de rayonner à l'échelle mondiale, aient pour effet de renchérir le coût de la formation supérieure pour les étudiants français.

Ensuite, de mon point d'observation, les batailles pour le classement n'ont pas de véritable incidence sur les choix des étudiants de nos grandes écoles françaises. La raison est simple : les perspectives professionnelles de nos étudiants demeurent encore largement nationales. Seule une poignée de nos « jeunes talents », par exemple celle qui rêve de rejoindre la Silicon Valley, sera aidée dans cette quête par le rayonnement reconnu à l'international de son diplôme. La compétition exacerbée par le classement de Shanghai me semble échapper ainsi totalement à l'immense majorité des diplômés français. Comme nous le verrons plus loin, ceux-ci se projettent de moins en moins dans ces parcours que l'on appelait « carriéristes », dans de grandes entreprises mondiales pour gravir des échelons jusqu'au sommet pour devenir P.-D.G. En vérité, les critères de réussite de la jeunesse se transforment profondément, et pourraient même donner un caractère anachronique à ces batailles d'ego nationaux.

S'il existe toutefois des enjeux internationaux, le véritable chamboulement pour nos élites nationales repose de manière plus pratique sur une autre forme de compétition. Avec l'apparition sur le marché étranger de cerveaux tout aussi doués mais moins rémunérés, des étudiants français sont aujourd'hui en concurrence directe avec leurs homologues diplômés d'universités ou écoles étrangères. Cette tendance est particulièrement visible dans le secteur technologique. Ainsi, les employeurs ont par exemple développé le recours à des contrats d'*outsourcing* pour faire travailler dans des conditions plus compétitives des compétences de haut niveau dans les pays émergents. Nos fleurons nationaux, comme Capgemini ou Sopra Steria, adoptent couramment cette pratique spécialement avec les pays du Maghreb, notamment avec la Tunisie ou le Maroc, mais aussi avec Madagascar – pays où la maîtrise du français et la forte symétrie avec notre système éducatif facilitent grandement le recrutement de diplômés. Mais il est établi que des entreprises ou institutions nationales contractent des projets dits «*offshore*» de développement informatique avec des pays désormais plus éloignés culturellement, comme l'Inde ou le Brésil, pour s'assurer d'une meilleure compétitivité avec une performance technique équivalente. Ce fut par exemple le cas d'une affaire impliquant le groupe Air France, en 2018, qui prévoyait de délocaliser son développement informatique en Inde. Cette concurrence s'observe désormais au sein même de l'Europe, pour des compétences dans des secteurs de pointe tels que la santé ou la recherche scientifique, qui ont été mises en évidence avec l'arrivée de médecins roumains ou polonais pour subvenir aux carences de notre propre système de santé.

Ce paysage élargi du marché des « diplômés » permet donc de satisfaire des besoins de compétences pointues grâce à des profils aussi qualifiés, et plus désirables dans leurs conditions de rémunération. Certes, ces contextes internationaux ne concernent encore actuellement qu'une proportion limitée à des métiers spécifiques, tels que les secteurs technologiques en tension.

Cependant, si les motivations peuvent reposer en partie sur un manque de compétences locales, d'ingénieurs, informaticiens ou autres expertises pointues, c'est donc plus spécialement au travers de cette accélération du recours au marché mondial des diplômes que nos universités voient progressivement se fissurer leur chasse gardée pour leurs débouchés nationaux. Si le prestige des titres nationaux n'est pas entamé, ce sont les opportunités d'emploi qui se resserrent. Ce phénomène a pour effet d'amplifier l'engorgement des jeunes postulants de niveau master sur le marché du travail national, comme cela a été évoqué plus haut. Cet engorgement des offres d'emploi cadre combiné à la compétition internationale accrue sont deux tendances qui devraient s'amplifier dans les années à venir, avec une pression sur les conditions salariales à l'embauche. Certes, dans ce contexte, les diplômés des plus grandes écoles resteront préservés, tant que la rareté demeurera un fort critère de différenciation pour les employeurs. Également, la barrière linguistique joue encore comme une forte protection implicite dans les choix de recrutement. Cependant, les nouvelles frontières de la formation des élites intellectuelles et l'arbitrage économique vers le moins-disant social pourraient ouvrir une première faille dans l'ordre établi des diplômes nationaux les plus prestigieux.

Les intérimaires d'élite

Une autre tendance marquante dans les conditions d'emploi des profils les plus qualifiés concerne l'apparition d'alternatives au sacro-saint CDI. En effet, le statut « cadre » était jusqu'à présent indissociable du CDI, considéré comme le graal de la stabilité et de la sécurité de l'emploi. Mais de nouvelles formes d'emploi sont apparues sur le marché du travail, telles que l'auto-entrepreneuriat ou le portage salarial. Avec l'émergence de ces statuts d'entreprises individuelles, des compétences qui autrefois ne se recrutaient qu'en CDI peuvent désormais être sous-traitées à des prestataires indépendants. Par le passé, ces formes de travail flexibles étaient limitées à l'intérim et réservées à une main-d'œuvre peu qualifiée. Seul le CDD permettait, avec une souplesse moindre, de répondre à un besoin de travail temporaire pour des postes d'expertise. Désormais, ces contrats de « prestation de services » occupent une place croissante dans les formes de travail des plus qualifiés, car ils constituent des usages établis pour des missions de conseil en marketing digital, en développement informatique ou encore pour remplacer un DRH durant une absence prolongée du titulaire du poste. Relativisons toutefois dès à présent la portée économique de ces formes d'emploi car, en 2021, selon l'Apec[9], 94 % des cadres en emploi déclaraient détenir un CDI. Malgré tout, cette mode qui s'est propagée dans les médias illustre parfaitement à mon sens le risque aigu de déclassement rampant des emplois intellectuels.

Les raisons de cette tendance sont multiples. Du point de vue des hauts potentiels eux-mêmes, tout d'abord, ces formes de travail dites en « free-lance », autrefois plus répandues dans les professions artistiques ou culturelles, répondraient à leur désir d'autonomie et de liberté. Le statut indépendant permettrait d'organiser plus librement son activité professionnelle et de valoriser ses compétences pour le compte d'une plus grande variété de contextes. Vivre de son activité, la liberté en prime, peut en effet être très séduisant pour ceux qui ont la faculté de choisir leur travail. Les médias se sont d'ailleurs saisis de cette tendance qui serait le signe d'affranchissement des plus diplômés à l'autorité hiérarchique dans les entreprises traditionnelles. Le « *slashing* » est le terme pour décrire ainsi ces jeunes cadres, décomplexés, exerçant plusieurs métiers et qui papillonneraient de client en client pour y trouver un épanouissement professionnel détaché des contingences du salariat. Ces nouvelles formes d'emploi seraient l'avenir du travail, du moins pour ceux qui peuvent instaurer un rapport de force avec les employeurs...

9. « Portrait statistique des cadres du secteur privé – édition 2021 », Apec, 8 juillet 2021.

C'est notamment le cas dans le domaine du développement web ou pour les *data scientists*, qui détiennent des compétences rares et très courtisées. Ils peuvent se permettre de fixer les règles du jeu face à la demande d'un marché en tension, et se mettre à leur compte plutôt que de rechercher un contrat stable. C'est par exemple le cas de Ahmed, *data scientist*, ingénieur en *business intelligence*, qui possède son auto-entreprise et qui a choisi ce statut qui lui offre des conditions financières très favorables, tout en exerçant ses compétences pour un client unique, industriel du fret international. Mais cette faculté ne concerne que quelques privilégiés qui peuvent dicter leur loi aux employeurs, jusqu'à parfois développer des comportements mercenaires, qui se vendent au plus offrant dans une compétition dérégulée. De nombreuses plateformes, telles que UpWork ou Malt, se sont d'ailleurs développées pour répondre à ce « marché de la sous-traitance », soit pour interfacer avec les recruteurs, soit pour servir de vitrine à ces free-lances en quête de missions et de clients.

Car, pour la grande majorité des autres, derrière cette façade enjolivée, c'est la dure loi du marché qui dicte ses règles, avec un rapport de servilité augmenté par l'absence des protections attachées au statut salarié – signe que l'engouement pour la liberté crée un véritable trompe-l'œil. Si nous nous plaçons du point de vue des employeurs, le recours à ces contrats flexibles ne relève pas d'un désir de satisfaire ces quêtes de liberté, mais surtout d'une volonté de limiter les risques de la rigidité des contrats de travail et de leurs tracas administratifs. Les prestations sous-traitées à des indépendants se développent avant tout parce qu'elles s'accordent parfaitement avec le besoin d'un marché en quête de flexibilité et de rentabilité. Fort logiquement, en externalisant des compétences ciblées, l'entreprise dispose de ressources à la mesure de son besoin sans en supporter la charge financière de manière permanente. Cette modalité d'organisation répond notamment aux contraintes financières et techniques des petites entreprises, trop petites pour que leurs besoins permettent des embauches à temps complet et encore trop fragiles pour recruter en CDI. Le travail à temps partagé est à cet égard une des formes d'emploi externalisé particulièrement appropriée au développement des PME, pour faire travailler des directeurs RH ou des directeurs financiers sur des temps partiels ajustés au besoin réel de la petite entreprise.

Pour ces raisons, travailler à son compte ne repose pas toujours sur un choix. Nombre de « cadres sup' » traversent des transitions professionnelles dans lesquelles le retour au providentiel CDI à temps plein se révèle un parcours du combattant. L'option de se mettre à son compte apparaît alors comme une réponse palliative pour accéder à une activité minimale. C'est l'exemple représentatif de Bertrand, cinquante ans, ancien DRH licencié d'un grand groupe pharmaceutique qui, au terme de plusieurs mois de recherche d'emploi infructueuse et à l'approche de la fin de son indemnisation, se décide à créer son auto-entreprise pour rechercher des missions à défaut d'un emploi stable. Confrontés à un marché traditionnel de l'emploi moins dynamique, nombreux sont ces cadres, notamment à mi-carrière, qui optent ainsi pour l'alternative des missions temporaires au travers d'un statut ou d'un contrat indépendant. La vogue du statut free-lance serait donc — même pour les plus qualifiés — moins une expression contemporaine d'aspiration à la liberté, qu'une solution par défaut face à un contexte de compétition pour l'emploi plus féroce. La réalité du marché du travail est sans appel. Nous commettons une erreur monumentale en propageant l'idée que même les plus diplômés ne sont plus attirés par le contexte sécurisant d'un contrat stable et des revenus garantis. Le CDI n'est pas passé de mode et continue de recueillir les faveurs de l'élite intellectuelle dont on aurait pu penser que ses diplômes la protégeaient de tous les risques de chômage. La quasi-totalité de mes étudiants optent ainsi à la fin de leur cursus, pour la recherche d'un CDI. Non, dépendre des décisions aléatoires d'un client, se confronter à une concurrence incontournable à la recherche perpétuelle de missions pour maintenir son niveau d'activité, dépendre d'une conjoncture régulièrement incertaine ne fait pas encore rêver l'élite intellectuelle, comme la majorité des actifs...

Ne nous y trompons pas : si l'émergence du travail indépendant relevait de la seule aspiration individuelle à l'autonomie et à la liberté, le phénomène aurait fait long feu s'il n'avait rencontré face à lui une forte demande en termes de souplesse de la part des organisations. Certes, il existera toujours des métiers pour lesquels le recours à une intervention externe et experte sera indispensable.

Certes, il existe aussi des métiers qui ne peuvent pas s'exercer autrement qu'en statut libéral, pour lequel optent de nombreux cadres en reconversion ; à l'instar de Matthieu, cet ingénieur de quarante ans, ancien salarié de Mazars – prestigieux cabinet d'audit –, qui décide de se lancer dans sa passion en tant que photographe professionnel. Mais, en dehors de ces situations particulières, la question actuelle est de savoir si le monde économique n'attend plus que l'émergence d'un cadre juridique encore plus souple pour aller demain bien au-delà de ces pratiques. À tous ceux qui font l'apologie du *slashing* et du *freelancing*, j'alerte sur le risque d'encourager le recours systématique à la sous-traitance au détriment des recrutements salariés, y compris pour les jeunes diplômés du supérieur. La précarisation des plus qualifiés, qu'ils soient jeunes comme expérimentés, s'installerait donc comme un phénomène insidieux dans le monde du travail. Combiné à l'effet de seuil de la mi-carrière, le recours croissant au statut indépendant peut être vu comme une confirmation de la montée en précarité des cadres supérieurs. Ces nouvelles formes d'emploi mettent au final les plus qualifiés au même niveau de traitement que les profils peu qualifiés ; à savoir, en dépendance totale du marché. Il suffit d'observer la propagation fulgurante du « modèle Uber » pour ne pas sombrer dans un angélisme béat sur les intentions de certains décideurs du monde économique. Choisi ou subi, le travail indépendant de l'élite, quoi qu'il ait comme atouts d'autonomie et de variété, doit demeurer une alternative, voire un pis-aller par rapport au CDI que privilégient encore la très large majorité d'entre eux.

L'obsolescence programmée

Le bouleversement des acquis des élites intellectuelles aux CV « longs comme le bras » ne s'arrête pas à ces nouveaux contextes contractuels. Quand, désormais, les évolutions technologiques et les savoirs progressent à une vitesse supérieure à une génération, les connaissances acquises durant les études ont une pérennité nécessairement limitée dans le temps. Il n'est aujourd'hui plus possible de dérouler une carrière jusqu'à la retraite en capitalisant exclusivement sur les acquis de la formation initiale. Ces changements sont apparus avec les premières révolutions informatiques. Ils posent aujourd'hui la question de la pérennité des diplômes comme celle de l'employabilité de leurs titulaires. Ainsi, quand les plus jeunes diplômés entrent sur le marché du travail, ils sont à présent en compétition directe avec leurs aînés. Ces derniers constatent alors que leurs positions autrefois assurées par l'expérience sont remises en question. Les plus âgés se confrontent par là à une forme de déclassement anticipé. Cette obsolescence de leurs compétences académiques est d'ailleurs d'autant plus précoce et marquée que leurs savoirs initiaux ont été particulièrement ancrés dans les innovations technologiques ou dans des contenus « contemporains ». Que vaudra dans dix ans, voire dans cinq ans, une formation suivie aujourd'hui en *data science* ? Comment valoriser un master en *UX design* quand l'innovation de rupture dans le numérique connaît des cycles de l'ordre de deux à trois ans ? En combinant leur haut niveau de connaissances et l'accélération du renouvellement des savoirs, les élites seraient-elles paradoxalement les plus exposées à l'obsolescence de leurs diplômes payés parfois très cher ?

Face à ce paradoxe, la formation tout au long de la vie s'est déjà imposée comme la réponse incontournable pour faire face à cet environnement en évolution permanente. Le point favorable pour ces diplômés tient justement à leur affinité particulière que les anciens bons élèves entretiennent avec les études et l'apprentissage. Pour les plus diplômés du supérieur, revenir à « l'école » est une perspective qui n'évoque pas de mauvais souvenirs ! La possibilité de mettre à jour perpétuellement ses connaissances rencontre donc une facilité qui est propre à cette population qualifiée. Elle lui donne des atouts indéniables en comparaison des profils peu qualifiés qui autrefois avaient eu un rapport difficile avec l'enseignement scolaire. Preuve s'il en est de cet avantage, en 2018, l'Insee révélait[10] que les budgets de la formation continue étaient consommés aux deux tiers par les cadres – et donc pour un tiers par les ouvriers et employés –, alors que cette catégorie professionnelle représente à peine un cinquième de la population active ! Les plus qualifiés ne rencontrent donc aucun obstacle pour s'adapter aux évolutions des savoirs.

Certains évoquent alors une menace. Les développements autour du digital et plus encore de l'IA représenteraient un risque de disparition de métiers « qualifiés ».

10. « Formations et emploi : accès à la formation professionnelle et de la place de la formation selon les parcours professionnels des salariés », Insee, avril 2018.

Par la suppression ou la simplification de leurs tâches «complexes», l'IA est en effet fréquemment présentée comme une source de rupture dans le travail pour les fonctions intellectuelles, au motif qu'elles seraient déchargées de la manipulation des données, voire de leurs rôles décisionnels. Les élites seraient, comme certains opérateurs, aussi les victimes de la robotisation des *process* dont elles ont aujourd'hui la charge. Ainsi, dans le domaine de la justice, l'IA, associée à la justice prédictive, aurait entre autres à terme pour conséquence de remplacer les professionnels du droit. Dans le domaine de la santé également, la détection précoce de maladies viendrait remplacer une partie du corps médical, mais des scénarios identiques sont présentés dans la gestion des ressources humaines, avec le recrutement par IA, et même jusque dans le développement informatique où les progrès en *machine learning* font espérer que des robots... développent des algorithmes. Mais ces scénarios me semblent relever d'un catastrophisme exagéré; comme imaginer sérieusement qu'un monde qui serait envahi par les *data*, puisse se passer de ces profils rationnels et logiques. Leur employabilité ne sera pas démentie, elle s'en trouverait même renforcée. Sans plonger dans un débat prospectif complexe, nous pouvons anticiper que, dans une économie virtuelle, les fonctions qui impliquent une responsabilité d'analyse et de décision deviendront plus incontournables encore. Et même si certaines fonctions seront impactées, comme depuis des décennies avec l'avènement de l'informatique, on assistera à une mutation progressive du contenu du travail des élites, avec une reconversion des tâches à l'intérieur de leurs mêmes métiers, sous l'effet de l'incursion croissante des outils numériques.

Au demeurant, ce débat sur l'IA me semble se tromper de cible. L'employabilité future des plus diplômés ne peut plus se réduire à une simple actualisation de connaissances numériques. En revanche, les évolutions actuelles de notre monde du travail remettent davantage en cause la pérennité des diplômes initiaux du fait de contenus académiques encore souvent trop formulés en termes de savoirs et de connaissances exclusivement techniques. Selon leur filière professionnelle, on juge les diplômés d'écoles de commerce sur leurs acquis et connaissances en gestion ou en marketing, les ingénieurs sur leurs connaissances scientifiques en thermique, en agronomie ou en informatique. Pourtant les besoins en compétences du monde du travail ne se limitent pas aux savoirs. Les défis résident désormais bien davantage dans la maîtrise des compétences comportementales et cognitives. C'est d'ailleurs souvent ce que les collaborateurs reprochent à leur encadrement : un déficit de culture managériale. Les responsabilités confiées aux cadres supérieurs reposent donc moins sur leur maîtrise ou leur crédibilité technique, que sur leurs capacités à communiquer, à organiser et à mobiliser des équipes de travail. Ainsi, l'avenir des diplômés du supérieur serait sans doute plus serein si la place des enseignements de « *soft skills* » était plus importante, car ce sont des compétences moins soumises à l'obsolescence. Les aptitudes relationnelles répondent parfaitement aux besoins actuels et futurs de l'environnement professionnel mouvant et augmenteraient l'employabilité des plus diplômés. Si l'on occulte les risques de dégradation des contextes de travail provoqués par ce monde du travail envahi par les robots numériques, la place des élites sera confortée, non parce qu'elle est à l'aise avec les chiffres, mais parce qu'elle aura bénéficié d'un apprentissage de postures managériales aptes à évoluer dans cette complexité accrue d'un environnement envahi par le numérique.

Des renoncements à la reconquête

Changer le travail

Le fléau de la perte d'autonomie

« Autonomie », « responsabilité », « prise d'initiative »... font partie des termes qui décrivent les attributs distinctifs majeurs du statut professionnel des cadres et des managers. Ils constituent *la* prérogative indissociable de leurs postes. Pourtant, la perte d'autonomie de la population qualifiée est aujourd'hui une réalité flagrante. Comme nous l'avons décrit plus haut, c'est la conséquence directe du poids grandissant des *process* de contrôle qui inondent le monde du travail, y compris celui des élites. Les organisations se confrontent aujourd'hui à une complexité telle que les multiples processus de travail qui cherchent à la mettre sous contrôle se retournent contre le marqueur identitaire des cols blancs : le pouvoir de décision. Tous les niveaux de responsabilité sont concernés, des cadres « intermédiaires » jusqu'aux cadres supérieurs. C'est ce responsable d'atelier industriel qui ne peut pas commander une pièce de rechange à quelques euros car le fournisseur en question n'est pas référencé dans la base du service achats, au risque de stopper la ligne de production… C'est aussi ce chef de service en charge du développement économique au sein d'une direction départementale, qui fait face à plusieurs arrêts maladie dans son équipe et à qui on explique qu'il n'y a pas de budget prévu cette année pour prendre du personnel en remplacement. C'est enfin cette chargée de communication qui souhaite créer un nouveau visuel pour son stand sur un salon professionnel, à qui l'on rétorque qu'il faut d'abord le faire valider par « le siège » pour s'assurer qu'il est conforme à la charte *corporate* du groupe…

Dans le même temps, la digitalisation à marche forcée de l'environnement professionnel a amplifié cette mise sous contrainte de l'autonomie. Elle a transformé ceux qui sont « responsables de » en simples exécutants dont les leviers d'action sont déterminés par ce que les algorithmes leur concèdent. Depuis toujours les évolutions technologiques, informatiques et numériques nous promettent une meilleure fluidité dans le travail. Combien d'entre nous ont pu lire sur les présentations des projets informatiques que « les gains de temps avec ce logiciel vous permettront de vous consacrer à vos tâches à plus forte valeur ajoutée ! ». Malheureusement, au final, et depuis des décennies, nous ne constatons aucun de ces bénéfices. Les projets d'informatisation se sont tous davantage traduits par un poids croissant des contraintes, une accélération des rythmes de travail et des limites dans les marges de manœuvre des managers. Tous ceux qui ont connu les déploiements de SAP – un progiciel de gestion intégré – ont largement souffert de ces formats obligeant à saisir des données qui finalement ne sont pas disponibles. Quel cadre ne s'est pas un jour trouvé bloqué dans une tâche urgente parce qu'il fallait au préalable remplir un formulaire avec des requêtes auxquelles il n'avait pas accès ? Aujourd'hui, ce sont les applications collaboratives qui se multiplient et qui promettent de nouveau des gains de temps. Sauf qu'à force de cumuler les Teams, Slack et autres groupes de discussion, le travail intellectuel des diplômés est saturé de notifications.

Derrière ces tendances souvent combinées, les aspirations des « autonomes » à plus de liberté ressemblent dès lors à un cri d'alarme. Le lien de confiance avec les hiérarchies s'érode pour des cohortes de cadres. Emportés malgré eux dans ce tourbillon qui rogne leur espace d'expression, les gradés en éprouvent un sentiment d'inutilité. Leur désengagement croissant dans le travail est la résultante de ces aspirations déçues ; à l'image de Sarah qui se questionne sur l'intérêt de promouvoir des offres de forfaits téléphoniques sur lesquelles elle ne dispose d'aucun espace de liberté, au point de s'ennuyer dans son poste. On parle désormais du « brown-out » des cadres. Leur environnement n'est plus supportable qu'au seul prix d'une sécurité professionnelle, au demeurant toute relative, qu'accorde leur statut. Le paradoxe est donc de constater que ceux qui ont accompli de longues études pour « avoir des responsabilités », se trouvent désormais prisonniers de systèmes qui entravent leurs latitudes. Une étude de l'Apec[11] révèle, en 2019, que « plus des deux tiers des cadres (68 %) évoquent un besoin de responsabilité et/ou d'autonomie accrue dans leurs postes ». Nous assistons par conséquent à un véritable gâchis des intelligences de nos premiers de la classe, empêchés de déployer pleinement ou sereinement leurs capacités intellectuelles. Conscientes du problème, certaines organisations ont engagé des réflexions pour endiguer ces désengagements qui se manifestent de manière de plus en plus visible. Mais nous allons voir au travers de trois exemples éloquents que les racines du problème ne sont jamais attaquées – ce qui explique qu'il reste entier. Nous nous sommes donc accoutumés à entendre parler de quête de sens de manière ouverte. On ne s'étonne en effet plus de l'importance qu'aura prise ces dernières années cette envie de tout plaquer par ces brillants profils. Un chiffre de l'Apec[12], en 2022, nous a déjà éclairés : 31 % des cadres veulent se reconvertir ; ce qui en dit long sur les réponses inappropriées que les entreprises mettent en place. En voici trois illustrations.

11. « Compétences attendues chez les cadres – Exercer des responsabilités en mobilisant des compétences métiers, transverses et interpersonnelles », Apec, 14 novembre 2019.
12. « Reconversion professionnelle des cadres, 6 grandes motivations qui appellent des accompagnements différents », Apec, *op. cit.*

La réponse par la libération

Parmi l'un des thèmes à la mode dans cette dernière décennie, celui de l'entreprise libérée se sera propagé dans les publications managériales, dans les missions des cabinets de conseil, mais finalement nettement moins dans les actes. Symptôme d'un monde en recherche de réponses simples, l'engouement pour ce qui paraissait être le vaccin contre les systèmes hiérarchisés ne pouvait que faire long feu. Dans la réalité, certaines entreprises se sont effectivement engagées dans un modèle d'entreprise libérée, passant d'un modèle d'organisation pyramidal à un modèle plus aplati, voire sans aucune ligne de management. Dans le concret, si quelques expériences ont réellement démontré des libérations réussies, elles s'expliquaient davantage par un leadership inspirant que par une véritable innovation organisationnelle, comme ce fut le cas de l'entreprise industrielle Favi ou de la société de services Chrono Flex. Mais reconnaissons que, faute d'avoir créé un véritable effet d'entraînement, ces exemples n'ont pas réellement été suivis. Sans l'admettre en toute transparence, d'autres expérimentations ont prouvé que les bénéfices d'une organisation plus libérée n'étaient finalement pas compensés au vu des inconvénients collatéraux. Le retour de bâton a ainsi frappé des organisations qui ont constaté à leurs dépens, après avoir tenté de les supprimer, combien leurs lignes managériales rendaient de fiers services aux rigidités existantes de leurs processus de travail !

Pire, certaines sociétés, sous couvert d'une approche plus humaniste de leur mode de management, n'ont pu masquer leur tentation productiviste reposant sur la suppression d'échelons hiérarchiques et l'augmentation de la pression qui en a résulté sur les postes d'exécution et intermédiaires, comme ce fut dénoncé par les salariés d'une grande chaîne de distribution. Bref, à force de promesses et d'effets d'annonce qui ne faisaient parfois que réinventer l'eau chaude des fondamentaux du management, l'entreprise libérée a vécu. La cure d'amaigrissement des niveaux hiérarchiques n'est plus au goût du jour, quand on a compris que rien n'impose de supprimer des postes à responsabilité pour accroître l'autonomie dans une organisation. Cette mode éphémère a d'ailleurs laissé une trace confuse, avec cette idée fausse que la perte d'autonomie provenait de la seule présence de managers ! En vérité, les lourdeurs des processus et l'automatisation à l'excès sont la cause contemporaine des entraves à la libre décision et sur lesquelles ces managers n'ont aucune prise. Au final, loin d'imposer une révolution dans les modèles de management, celui de l'entreprise libérée a eu le mérite de confirmer à nos directions générales que la demande de décloisonnement était forte et totalement contemporaine des aspirations des salariés, cadres en première ligne. Mais, à l'évidence, loin de revenir aux racines du problème, tout le monde a alors tourné le regard vers les sirènes du bonheur !

La réponse par le bonheur

Une autre mode est apparue. Parmi les actions mises en place pour endiguer le mal-être avéré des cols blancs, les organisations choisissent aujourd'hui davantage d'agir sur les conditions de travail et d'améliorer le sentiment de « bien-être ». Sous le sigle générique de la « Qualité de vie au travail », la QVT s'impose aujourd'hui comme un levier incontournable pour répondre au désarroi des collaborateurs en mal de motivation. En soi, on ne peut que s'en réjouir, puisque cette attention s'inscrit plus largement dans un enjeu de santé au travail que des organes nationaux, tels que l'Agence nationale pour l'amélioration des conditions de travail (Anact), cherchaient à promouvoir depuis de nombreuses années. Sauf que la terminologie manquant sans doute de panache, le concept du « bonheur au travail » est apparu comme le nouveau slogan à arborer par les employeurs modèles. Derrière ce terme habilement marketé, on assiste concrètement à l'apparition de nouvelles pratiques managériales, symbolisées – voire caricaturées – par le baby-foot, par les aménagements de bureaux repensés en « *open spaces* », transformés en lieux de vie, jusqu'à la création de fonctions de « *chief happiness officer* » en charge du service à l'épanouissement des salariés !

Disons-le clairement : ces actions destinées au bonheur sur le lieu de travail sont un concept éminemment élitiste. Elles s'adressent en priorité à la population très courtisée des jeunes diplômés et cadres, avec une intention non voilée de les attirer ou de les fidéliser. Soyons lucides : les entreprises accordent en effet généralement moins d'importance au bonheur dans le travail pour les professions de niveaux moins qualifiés : je n'ai trouvé aucune communication de DHL sur le bonheur de ses chauffeurs-livreurs, aucune de la part de Carrefour pour les caissières, ou de message sur le bonheur des postiers. L'attention pour la motivation et pour l'épanouissement au travail est donc clairement une notion réservée aux actifs les plus favorisés. Ces effets de communication ont de surcroît pour effet pervers d'introduire la sémantique du bonheur dans l'univers professionnel, qui lui était jusqu'alors étranger. Destiné à souligner l'attention que ces employeurs vertueux porteraient au bien-être de leurs salariés, ce concept n'en constitue pas moins un implicite dangereux, étant entendu qu'il est délicat de décréter que ce bonheur individuel s'arrête – ou commence – à la porte du lieu de travail. Pire, comment ne pas générer un malentendu, voire des frustrations, et donc amplifier le mal-être, quand l'employeur s'engage ainsi sur une promesse par définition intenable ?

C'est pourtant dans ce même mouvement de fuite en avant, que les outils de mesure de la satisfaction au travail sont venus compléter la palette des actions mises en œuvre par les entreprises pour améliorer le bien-être au travail. Des labels, des certifications ou des classements, tels que Great Place To Work ou Top Employers, proposent désormais aux organisations d'évaluer l'engagement de leurs équipes. Ces standards ont eu l'habileté de jouer sur la corde sensible des entreprises en quête de reconnaissance extérieure pour leur attractivité.

Pour autant, à y regarder de plus près, ces classements comptent essentiellement des grandes entreprises, des sociétés technologiques ou des cabinets de conseil. Bien candide celui qui en déduira qu'il n'y a point de bonheur en dehors de ces sociétés, seules capables de financer ces podiums onéreux afin de faire briller leur marque employeur. Le paradoxe de ces labels autoproclamés repose paradoxalement sur la mise en place de systèmes de mesure – et donc de contrôle ! – qui s'ajoutent aux dispositifs quantitatifs existants qui saturent d'ores et déjà le quotidien des cadres. Pour le plus grand « bonheur » des DRH, ces dispositifs sont en effet construits sur des batteries d'indicateurs qui submergent leurs équipes de nouvelles collectes de données. Ces labels alimentent ainsi la surenchère dont nous parlions au premier chapitre, vers plus de mesure, plus de chiffres, plus de comptage ; une course vers le « sur-mesure » du bien-être qui n'en finit pas de se propager tant les classements sont devenus « le *must* » de toute organisation qui veut paraître sous ses plus beaux atours.

Quand elle ne consiste pas à faire du «*social washing*», cette cosmétique du bonheur cache en vérité une méconnaissance profonde des mécanismes de souffrance au travail. Il n'existe aucune corrélation entre les causes du mal-être d'un individu et les actions commencées par l'entreprise pour « créer » le bonheur au sein d'un environnement de travail. Si la pirouette communicante est habile, elle ne traite pas le mal à sa racine. L'expression déplace en effet l'attention sur les actions pour la qualité de vie ou l'ambiance au travail, quand les causes réelles d'un burn-out proviennent aujourd'hui principalement de la pression managériale ou des limites à l'autonomie, comme toutes les enquêtes le démontrent. Les conséquences psychiques des entraves au travail bien fait ont été ainsi parfaitement décrites dans *Le Travail à cœur* d'Yves Clot, et elles s'appliquent autant aux opérateurs qu'à l'encadrement. En résumé, le traitement du mal-être se joue au niveau individuel, lorsque les actions de type QVT agissent principalement sur l'environnement de travail. Un baby-foot ne résout pas une situation d'épuisement professionnel. Tout au plus l'employeur peut-il mettre en place une détection, puis un accompagnement des situations d'épuisement, sans que cela ne lui impose de s'engager pour le bonheur de ses salariés. Signe d'ailleurs de la confusion des genres en matière de mal-être au travail, les accompagnements individuels se limitent trop souvent à des séances de coaching, avec pour risque de psychologiser une forme d'échec personnel et d'exonérer le *top management* de travailler sur les causes profondes liées aux dysfonctionnements de l'organisation. Dit autrement, si l'on craque, c'est notre compétence que l'on doit questionner, et non les dérives contrôlantes d'un système...

La réponse par le télétravail

Enfin, voici un troisième exemple : le déploiement massif du télétravail, à l'issue de la récente crise sanitaire. Un satisfecit général des employeurs sur l'amélioration de l'autonomie par le télétravail a en effet fusé dans les communications de l'époque. Cette pratique s'est depuis installée comme une modalité de travail à part entière, et a fait l'objet de multiples accords d'entreprise. En effet, par leurs conditions propres de travail très largement réalisées au bureau, les cadres de la grande majorité des secteurs « intellectuels » ont été les premiers concernés par ce déploiement systématique du travail à distance.

Mais il faut constater que ce « télétravail » ne modifie en rien le contenu, les outils et les procédures de leur travail. Le télétravail ne constitue en vérité qu'un déplacement géographique des tâches d'un lieu de travail partagé qu'est le bureau, vers un lieu de travail personnel, qu'est le domicile. Ceux qui considèrent que la distance « visuelle » avec la hiérarchie accroît l'autonomie témoignent d'une méconnaissance profonde des conditions d'organisation et du contenu du travail des plus diplômés. Celui-ci n'a en rien été soulagé par le déménagement de leurs tâches. Bien au contraire, la pression a parfois augmenté. En cascade, cette même pression aura entraîné des débordements supplémentaires du travail sur la vie personnelle. Par ailleurs, pour compenser la distance, certaines organisations ont imaginé de nouveaux contrôles, avec la mise en place de mouchards permettant d'enregistrer les connexions, ou bien encore ces « visios » du vendredi après-midi permettant de s'assurer de la bonne présence au « poste de travail » ! Une étude de la Dares[13] consacrée au télétravail durant la

13. « Télétravail durant la crise sanitaire, Quelles pratiques en janvier 2021 ? Quels impacts sur la santé », *Dares Analyses*, n° 9, février 2022.

crise sanitaire, a d'ailleurs mis en évidence de manière éloquente que les professions qui ont recouru le plus largement au télétravail ont témoigné d'une hausse des conflits de valeurs – travail en horaires décalés, hausse des objectifs, exigences émotionnelles...

Derrière cette problématique du télétravail, se cache la composante relationnelle souvent mésestimée de ces métiers intellectuels. Cette dimension, fondamentale, est touchée de plein fouet. La distance prive en effet les cadres de possibilités de collaboration qu'un même lieu physique pouvait leur faciliter. Car la distanciation atténue incontestablement le lien social avec les collègues, lequel constitue souvent la dernière véritable soupape face au stress au travail et à la pression. Et l'écran ne remplace pas cette soupape ; au contraire, il aurait tendance à la fermer... À contre-courant de la pensée dominante, je défends donc que la mise en place du télétravail ne traite ni le mal-être lié à la quantité de travail ni celui de la charge mentale. Le débat qui porte sur les rythmes appropriés de télétravail, hésitant entre deux ou trois jours par semaine, se trompe donc profondément sur les clefs de l'autonomie dans le travail des professions intellectuelles. Si le télétravail – quand il est choisi – peut être bien entendu une réponse appropriée à la recherche de plus de liberté ou de confort au sens personnel, sa systématisation ne pourra exonérer les organisations de travailler sur les causes profondes du mal-être lié à l'excès de pression et aux restrictions sur l'autonomie. En conséquence, sans adaptation des *process*, des rythmes ou des outils de travail, d'aucuns pourraient considérer que le télétravail aggravera plus encore à terme les conditions de travail de l'élite.

Faire des choix

Que retenir de ces trois exemples par lesquels les organisations ont tenté d'améliorer l'autonomie, voire la satisfaction des « chefs de » dans leurs conditions de travail ? À l'évidence, ils témoignent de tentatives cosmétiques ou circonscrites à des univers bien précis. Ils démontrent que tout ce qui traite d'autonomie ou de bien-être ne parle pas du fond du problème : à savoir, l'hypertrophie du contrôle et la course à la performance. Les maux sont nommés ici volontairement car trop de discours aseptisés conduisent à une illusion collective sur les clefs du « bien-être » au travail des cols blancs. Comme ce fut exposé en première partie, les plus diplômés sont employés pour une majorité dans des organisations, privées comme publiques, dans lesquelles les règles de la finance ou de la rigueur budgétaire sont leur axe structurant de responsabilité. Et, concrètement, tant que les multiples couches de *reporting* et de contrôle – dont ils sont à la fois les architectes et les esclaves – ne sont pas remises en cause, toute perspective de mutation de leur travail vers plus d'autonomie est illusoire. L'empilement de règles qui leur sont imposées, fixe les limites à la réduction de la pression qui s'exerce sur ces lignes décisionnelles. Libérer l'autonomie dans le travail des plus diplômés resterait donc une incantation tant qu'il n'y aura pas de renoncement à la mesure, au processus, à la norme et globalement au culte de la performance financière qui caractérisent ces univers professionnels qu'ils ont choisis. Sans ces changements profonds, nous ne pourrons que continuer à constater la montée en force de la quête de sens au travail par ceux qui ont perdu la foi dans leur engagement professionnel.

À ce stade, je ne peux cacher un certain pessimisme ; parce qu'il sera difficile d'imaginer de changer ce modèle de travail aux échelons intermédiaires quand les dirigeants de ces organisations, souvent de dimensions nationales ou internationales, subissent eux-mêmes les exigences de leurs propres actionnaires, voire des marchés financiers. Ainsi, quelles que soient leurs bonnes intentions, les organisations mondialisées ne détiennent pas toutes les latitudes pour endiguer ce fléau du contrôle et son corollaire de la perte d'autonomie. Les élites ne peuvent donc prétendre à retrouver pleinement leurs espaces d'expression tant qu'elles ne passent pas par la remise en cause de leurs positions établies dans le travail. Prises en tenaille entre des systèmes de travail qui brident leur autonomie et l'injonction au bonheur dont elles ne sont pas dupes, les élites sont forcées de reprendre la main sur leur destinée professionnelle. Il leur appartient désormais de faire des choix de cohérence, pour renoncer à s'enfermer dans des contextes qui peuvent les étouffer jusqu'à nuire à leur santé. Il leur revient de savoir détecter avec lucidité les sirènes qui cherchent à les attirer. Concrètement, cela leur impose de ne plus s'arrêter au lustre de certaines vitrines qui les flattent pour mieux les asservir à des responsabilités peu désirables. Peut-être que cela s'appelle choisir avec discernement, après avoir si souvent choisi par défaut...

Les petites boîtes

J'ouvre une piste. Du fait des liens ancestraux avec le monde économique que nous présentions en première partie, les grandes écoles et universités proposent à leurs étudiants un choix professionnel tronqué. Pour simplifier, ce choix se limite à une alternative entre, d'un côté, les grandes organisations, privées ou administrations et, de l'autre, l'univers des start-up. Je suis témoin que mes propres élèves sont partagés par ce dilemme binaire. Cette dualité dessine par conséquent leur représentation du monde économique. Au travers de l'offre d'embauche des entreprises les plus actives sur les campus, les étudiants des grandes écoles semblent ainsi se résoudre à, soit subir le poids des *process* de travail contraignants s'ils acceptent de travailler dans une «grosse boîte» avec l'atout de perspectives d'évolution, soit accéder à une liberté épanouissante dans l'entrepreneuriat, mais avec un niveau d'incertitude sur l'avenir. Quoi que cette dualité comporte de stéréotypes, elle réduit fortement l'éventail de leur orientation professionnelle.

Cependant, un gigantesque pan de l'économie échappe à cet arbitrage simplificateur. Souvent moins soumises aux lois des *process* et des normes au travail grâce à une taille limitée, animées par un esprit nécessairement pragmatique, les PME-PMI, ces entreprises de taille moyenne, présentent un modèle d'organisation parfaitement ajusté aux élites en quête d'autonomie. Quel que soit leur secteur, par la nature de leur taille humaine, ces entreprises proposent de réels espaces d'expression professionnelle et des potentialités fortes de progression favorisées par une culture de la fidélisation. Cette jeunesse bien diplômée devrait donc éprouver une attirance naturelle pour ces PME et ETI. Mais la faible notoriété de cet univers très atomisé, difficile à approcher, dessert naturellement son attractivité. Les PME-PMI ne disposent effectivement pas des moyens financiers suffisants pour développer leur marque employeur et séduire nos bons élèves. Si l'on ajoute qu'elles sont perçues comme moins attractives en termes de rémunération, les « petites boîtes » peinent indéniablement à attirer le vivier des diplômés de grandes écoles. C'est ce qui explique la méconnaissance des élites universitaires pour ce qui représente plus des deux tiers de l'activité économique nationale.

Pourtant, l'environnement de travail dans ces entreprises intermédiaires permet d'accéder à des responsabilités moins codifiées et moins cloisonnées. Les cadres en PME-PMI assument des responsabilités qui s'affranchissent des descriptifs de poste classiques compte tenu de la taille même de ces organisations. Ils accèdent ainsi à un impact visible sur le développement de leurs entreprises, bien davantage que dans une grande organisation qui fonctionne sur une nécessaire dilution des contributions personnelles. C'est le cas de Anne-Sophie qui est encore salariée dix ans après sa sortie d'école dans une société d'ingénierie spécialisée dans les activités de désamiantage, dans laquelle elle a pu évoluer à quatre reprises au gré des opportunités, avec des responsabilités qui allaient des études techniques au commercial. Ancrées dans leur territoire ou dans leur réseau d'expertise, ces entreprises dites « à taille humaine » – de quelques centaines à quelques milliers de collaborateurs – permettent à leurs cadres d'y développer des compétences plus entrepreneuriales, parfaitement adaptées aux profils en quête d'espaces d'expression. Au demeurant, certains grands groupes peuvent se comparer à des réseaux de PME, avec des structures fortement décentralisées, comparables à l'indépendance spécifique que proposent les « petites boîtes ». On en trouve plus spécialement dans les activités de service ou de la construction.

Davantage que dans le salut du statut indépendant, ou free-lance, l'avenir des plus diplômés reposera sur leur capacité à savoir entrer dans cet univers, certes opaque, des petites et moyennes organisations. Pour ce faire, les élites intellectuelles doivent faire l'effort de dépasser des représentations qu'elles ont assimilées durant leurs études sur ces enseignes, souvent desservies par un manque de notoriété. C'est de mon point de vue, y compris sous l'angle social, un endroit parfait pour déployer plus résolument ses capacités dans un travail plus impactant, plus concret, plus autonome – l'impact s'entend ici au sens de la capacité à mesurer sa contribution personnelle et à « voir » le résultat de ses décisions. Nos élites n'ont probablement pas d'autres choix que de sortir des sentiers battus empruntés par leurs aînés, au risque de se perdre dans des systèmes procéduriers.

La quête d'impact

Au vu de ces contextes dégradés, comment s'étonner qu'ils ne provoquent une réaction de rejet de la part de notre jeunesse plus éduquée. Je me réjouis pour ma part qu'une partie de celle-ci ne cède pas facilement au chant de certains violons et cherche une troisième voie. Des premiers signes de rupture se manifestent au niveau des étudiants sortis des grandes écoles. Leur capacité à s'affranchir de leurs histoires académiques et à remettre en cause le modèle auquel ils sont implicitement préparés se révèle au grand jour. Ainsi, aujourd'hui, un formidable élan pour essayer de nouvelles voies professionnelles se manifeste chez les diplômés du supérieur, tournant le dos ouvertement aux organisations qui les courtisaient. Pour de nombreux étudiants, les valeurs morales et sociétales personnelles leur servent de guide. Certains s'écartent d'un destin tout tracé dès leur premier emploi. Comme Marine Miller l'aura parfaitement illustré dans son ouvrage *La Révolte*, on observe désormais sans s'étonner ces ruptures radicales de diplômés vers l'agriculture, pour ne citer que les destins les plus imprévisibles.

Est-ce pour autant la fin de ces débuts de carrière comme passeport vers la réussite dans les grandes organisations et entreprises nationales, voire internationales ?

Les grands noms de l'industrie ou du bâtiment, de la grande distribution, de la grande consommation, des services de transports ou de l'énergie n'accueilleraient-ils plus les diplômés qui autrefois remplissaient les rangs de leurs lignes managériales ? Certes, ces futures élites s'expriment avec force pour rompre avec les codes hérités de leurs aînés, mais elles invitent aussi implicitement ces entreprises historiques à faire une partie du chemin dans la remise en cause. Sans le penser consciemment, la jeunesse diplômée des grandes écoles joue de son pouvoir d'influence pour envoyer un message aux grands acteurs du monde économique. Par exemple, la revendication croissante des jeunes diplômés pour la transition écologique force les recruteurs à répondre à leurs angoisses. Le mouvement « Pour un réveil écologique », lancé en 2019 par un collectif d'élèves de grandes écoles, a rendu visible une expression qui avait déjà pris forme de façon dispersée au sein du monde étudiant. Si certaines entreprises bougent par calcul et amplifient le soupçon des «*greenwashing*» en tous genres, d'autres semblent avoir compris que leurs modèles avaient besoin de changer et qu'il n'y avait d'autre choix que de les remettre en question. Ce pourrait être le début d'un mouvement systémique, dont il est encore trop tôt pour mesurer la sincérité comme la portée. Pour autant, d'ores et déjà, certains DRH et recruteurs me confient prendre au sérieux, voire craindre, ces attitudes déroutantes par ceux qui autrefois les rejoignaient avec envie. C'est un signe éloquent du pouvoir de l'élite. Quand cette dernière ose se mettre en danger, elle démontre ainsi qu'elle dispose d'une réelle capacité à faire bouger les lignes.

La part de cette jeunesse diplômée qui renie ses cursus prestigieux reste toutefois encore isolée. Jean-Laurent Cassely estime ainsi, dans *La Révolte des premiers de la classe*, à moins de 0,5 % la part des diplômés du supérieur qui bifurquerait vers un CAP. Derrière les discours rebelles, tels que ceux de certaines cérémonies de remise des diplômes, se cache un profond désarroi. Les ruptures de trajectoires procèdent ainsi davantage d'expérimentations personnelles. Au sortir des écoles prestigieuses, ces étudiants ne sont pas préparés à une orientation professionnelle qui s'écarte des modèles établis. Beaucoup s'engagent dans l'économie sociale et solidaire (ESS), en réponse à une quête de valeurs humanistes, mais ces orientations sont parfois définies sans avoir précisément réfléchi au type de métier qu'ils pourraient y exercer. Ceux qui «bifurquent» ont ainsi besoin de nouveaux repères pour renoncer à une certaine facilité, que d'autres d'ailleurs leur envient.

De terrain connu à terre inconnue

Ces tentations de quitter une voie toute tracée ne sont d'ailleurs nullement l'apanage des plus jeunes générations. La sortie de piste de la voie royale s'affirme aussi depuis quelques années dans les rangs de leurs aînés. L'aspiration à tracer sa propre ligne de vie professionnelle prend progressivement le pas sur le respect d'une voie tracée par le diplôme. L'Apec indiquerait que 8 % des changements de poste, en 2022, étaient assimilables à des reconversions professionnelles[14]. On ne s'étonne plus de ce cadre diplômé de l'Essec, autrefois bien rémunéré dans une entreprise notoire, qui aura décidé d'opérer une reconversion radicale pour ouvrir un commerce d'alimentation biologique comme l'a décrit Jean-Laurent Cassely dans son ouvrage *La Révolte des premiers de la classe*. Les enjeux de la transition écologique motivent aussi ces CSP+ de tous âges qui décident désormais de donner un tournant à leur trajectoire, partent au vert et s'engagent dans l'agriculture responsable, ou comme Geoffroy, brillant double diplômé de Télécom Paris et HEC qui, après un début de carrière réussi chez Leroy Merlin, décidera de reprendre des études en écoconstruction, pour rejoindre ensuite un bureau d'études en construction durable. D'autres enfin fondent leur propre entreprise avec la volonté de récolter enfin directement tous les fruits de leur labeur sans les partager avec un actionnaire qui leur est étranger. C'est le cas de Nicolas qui, après quinze années de fonctions managériales dans l'industrie aéronautique, décide de se lancer dans l'entrepreneuriat et de reprendre une petite unité de production métallurgique. Ces bifurcations n'étonnent plus et font même l'admiration de ceux qui n'osent franchir le pas.

Cette tendance de reconversions professionnelles n'est pas qu'un phénomène de mode, ou un luxe que certains privilégiés s'accorderaient grâce à leurs matelas

14. « Reconversion professionnelle des cadres, 6 grandes motivations qui appellent des accompagnements différents », Apec, *op. cit.*

financiers ou familiaux. Il y a plus que la remise en cause du principe de carrière verticale et toute tracée. Ces bifurcations de toutes générations représentent l'indicateur avancé d'un mouvement plus profond d'affranchissement de l'élite vis-à-vis d'anciens codes professionnels pour renouer avec sa motivation première : assumer des responsabilités et toucher du doigt son impact. Dans un monde sous perfusion de sécurité, il faut mesurer le courage extrême qu'exigent ces nouveaux départs. Ils ne sont que le miroir du niveau élevé de la perte d'attractivité du monde du travail conventionnel pour ces diplômés. Oser se confronter à des terrains inconnus et choisir de ne plus profiter de la protection de son sacro-saint parchemin pourrait se comparer à des actes de révolte. Pour autant, que ce soient pour des raisons de quête de sens ou de ras-le-bol d'un monde du travail abrutissant, ces bifurcations n'aboutissent pas toujours à un grand virage. On assiste à de multiples repositionnements invisibles qui explorent d'autres voies, moins spectaculaires. Les réorientations des cadres font ainsi plus souvent l'objet d'un petit pas de côté dans un périmètre proche de leur univers familier. Ce sont des contextes que j'observe de manière plus significative au sein de l'école Primaveras. Comme Myriam, abîmée par la pression dans sa fonction RH et qui décide de ne pas renoncer à son attirance pour ce milieu, et d'y revenir dans un rôle parallèle en position de coach pour managers. Pour cette raison, compte tenu du poids des réflexes bien établis, ces actes volontaristes représentent d'ores et déjà le signe visible d'une réaction saine et prometteuse. Qu'elles soient radicales ou symboliques, les décisions de « sortie de voie royale » reflètent en effet le rejet et la perte de sens de l'environnement professionnel traditionnel chez les plus qualifiés. Ces remises en cause des carrières classiques pourraient-elles provoquer enfin une prise de conscience de la part des organisations elles-mêmes sur leurs modèles de fonctionnement à bout de souffle, et faire baisser la pression sur leurs cols blancs ?

Prévenir les crises

Une nouvelle distanciation sociale

Nous nous sommes accoutumés à voir deux mondes cohabiter : celui qui pense, organise et contrôle et celui qui réalise et exécute. Cette séparation entre, d'un côté, les cols blancs et, de l'autre, les cols bleus, n'est pas nouvelle. Mais les nouveaux modèles d'organisation ont depuis plusieurs décennies progressivement accéléré une plus forte séparation entre ces différents niveaux de qualification. Ainsi, les organisations ayant imaginé de séparer les « valeurs ajoutées », les cols bleus ne sont désormais plus employés par les mêmes employeurs que les cols blancs, même quand ils exercent leur activité sur un même lieu physique. Les hôtesses d'accueil des sièges sociaux ne sont plus employées par l'entreprise qu'elles sont pourtant supposées représenter, mais elles sont salariées de sociétés sous-traitantes. Un mille-feuille organisationnel a ainsi progressivement résulté de la vague d'externalisation, ce qui a instauré un monde du travail bâti sur des cohabitations inédites d'actifs qui, s'ils se croisent, ne partagent plus le même univers professionnel. On observe une véritable invisibilisation de certaines catégories de métiers, à l'image de ces personnels de ménage, largement féminins, contraints de réaliser leurs tâches en dehors des horaires de travail des cadres dont ils assurent avec conscience la propreté de leur bureau... Pour autant, ce phénomène de sous-traitance ne se limite pas aux compétences les moins qualifiées puisqu'il se banalise par exemple par la sous-traitance de profils d'informaticiens auprès des Sociétés de services et d'ingénierie en informatique (SSII), avec ces conséquences directes sur la motivation que pointent Thomas Coutrot et Coralie Perez dans leur analyse, *Redonner du sens au travail* (p. 57) : « Les collectifs de travail sont fragmentés, les donneurs d'ordres imposent des procédures de travail rigides aux entreprises sous-traitantes. Les centres de décision tendent à s'éloigner des lieux de travail, brouillant ainsi la figure même de l'employeur. »

Plus encore, dans ce même mouvement, porté par la mondialisation, le monde de l'élite conçoit et contrôle depuis la France ou l'Europe et fait fabriquer ses produits, même technologiques, à l'autre bout de la planète. Du fait de cette distanciation désormais géographique, combien d'ingénieurs en R&D, de chargés de marketing ou autres responsables de la conception de produits connaissent les conditions de travail des usines des pays dits « à bas coûts » ? Le scandale, en 2020, du travail forcé des Ouïghours dans la région autonome du Xinjiang, en Chine, pour le compte de grandes marques des industries textile, électronique ou automobile, nous a-t-il vraiment surpris ? Ces affaires ne sont que le reflet en effet de cette sous-traitance en cascade, à l'échelon local comme international ; signe de la distanciation sociale et géographique radicale qui a été instaurée dans les processus opérationnels de multiples activités. Ici, les cadres des ressources humaines dépendent d'une société extérieure polonaise pour la gestion de la paye et, là-bas, le service client a été confié à un centre d'appels marocain. Ces principes d'organisation répondent souvent d'une même stratégie de sous-traitance au moins-disant social et séparent les opérateurs de leurs lignes « de commandement », d'un point de vue géographique mais également fonctionnel.

Pour finir, l'atomisation des lieux de travail et la digitalisation poursuivent cette amplification de la distance relationnelle entre les plus qualifiés et les moins qualifiés. D'une certaine manière, le déploiement massif du télétravail au sortir de la crise sanitaire, en 2020, a mis en évidence que, du fait de la place prépondérante des outils de communication et de gestion à distance, une fracture s'est insidieusement installée entre les cadres de bureau et « la France d'en bas » qui ne dispose pas des mêmes commodités. Toutes ces nouvelles lignes de démarcation ont ainsi créé ces strates managériales qui découpent aujourd'hui les organisations selon les diplômes. Parce que ces derniers protègent de l'appartenance aux classes plus modestes, ils ont au final amplifié une distanciation physique, dont l'effet est pire que celui de la différence de statut car elle a généré une invisibilité réciproque qui nourrit l'incompréhension et autorise des dérives parfois scandaleuses.

Conséquence directe de ce constat de distanciation, les cadres, aspirés par l'obsession de l'optimisation, consacrent une large part de leur travail à fabriquer de la casse sociale, sans qu'il y ait cependant intention délibérée de leur part. L'élite intellectuelle assoit en effet largement sa valeur ajoutée sur sa capacité à optimiser les budgets et les moyens financiers, et par là à réduire en bout de chaîne le poids des charges salariales. Nous avons détaillé au début de ce livre que cette recherche optimisatrice constitue le cœur de métier des plus diplômés. Leurs responsabilités professionnelles les conduisent donc à décider du sort de ceux, moins diplômés, qu'ils font travailler et à façonner leurs conditions de travail. Dans son film *Un autre monde*, le réalisateur Stéphane Brizé a parfaitement mis en scène cette réalité du droit de vie ou de mort des hautes fonctions managériales sur l'emploi des plus fragiles, pour répondre au diktat des marchés financiers. Mais, de manière plus insidieuse et moins violente, n'oublions pas par ailleurs que des armées de développeurs bien intentionnés conçoivent des systèmes d'information qui automatiseront les tâches des manutentionnaires des entrepôts logistiques, et ceci sans jamais y avoir mis les pieds pour mesurer le niveau d'asservissement que ces – supposés – progrès allaient faire subir aux opérateurs. Sans sombrer dans une posture moralisatrice des responsabilités par les plus diplômés, je mets ici en lumière combien ces contextes expliquent le phénomène grandissant de la distanciation et de la polarisation sociale, fonctionnelle comme spatiale, qui caractérise désormais notre monde du travail.

Cette polarisation – entre ceux qui organisent le travail et ceux qui le subissent – conduit les élites intellectuelles à évoluer désormais dans un environnement en déconnexion totale d'avec le reste de la société civile et de ses souffrances. Nous avons entrevu un des risques majeurs qui guette notre société au travers de la crise des Gilets jaunes, en 2019. Quoi que sa complexité fasse encore l'objet de débats, ce mouvement social aura en effet mis en évidence l'incompréhension qui s'installe entre la majorité des actifs, moins qualifiés, qui subissent les mutations du travail, et une élite professionnelle qui, enfermée dans sa bulle, l'invente et l'orchestre. Il en résulte fort logiquement que ceux qui n'ont pas pu hier pleinement profiter du système éducatif, éprouveraient un fort sentiment d'injustice vis-à-vis de ceux qui en ont tiré les bénéfices et qui décident aujourd'hui de la détérioration de leurs conditions de travail… « La France ne peut se résumer à l'affrontement entre une minorité éclairée, même élargie à un cinquième de sa population, totalement enfermée dans sa propre vision du monde, et la masse de celles et ceux qui sont distanciés par la rapidité des transformations à l'œuvre. » – *Génération surdiplômée* (p. 272).

Car cette polarisation qui éloigne de manière croissante les premiers de la classe, bénéficiant d'une position statutaire privilégiée, de celle généralement plus précaire des profils moins qualifiés, se trouve désormais renforcée par la panne avérée de l'ascenseur social. Les passerelles autrefois possibles vers l'enseignement supérieur sont rompues pour les catégories sociales plus modestes. Comme nous l'avons évoqué, l'accès aux grandes écoles se trouve désormais, de plus en plus, confisqué par les classes les plus aisées. On pense naturellement au sociologue Pierre Bourdieu qui a théorisé ce principe de la reproduction sociale. Dit autrement, la réussite scolaire s'accompagne de l'accès à un statut qui éloigne aujourd'hui plus qu'hier, des autres classes sociales et amplifie donc ce danger de fracturation sociale. Car l'inégalité des conditions d'accès aux grandes écoles prive celles-ci d'une véritable représentativité de notre société et entrave le principe méritocratique, cher à notre république.

Plus grave encore, cette inégalité est confortée par un effet mécanique où, à la sortie des études, les mieux diplômés, tous issus du même milieu social, vont à leur tour alimenter par leurs métiers cette polarisation du monde du travail. Notre système éducatif entretient de ce fait, sans le vouloir, un principe de sélectivité sociale, où l'élite de demain ne connaîtra qu'elle-même. Ce qui fut vrai pour les instances politiques se propage actuellement aux cercles économiques. Longtemps, en effet, notre pays s'est caractérisé par une sphère politique largement représentée par les anciens élèves de l'ÉNA, monopolisant nombre de rangs des ministères et autres grandes institutions nationales... Le même phénomène d'accaparement se répéterait donc aujourd'hui dans le champ de l'économie, dirigée par une classe de surdiplômés du supérieur qui ne représente pas la mixité sociale de la société. Selon Dominique Méda et Patricia Vendramin dans leur ouvrage *Réinventer le travail*, l'explication résiderait dans « l'étrangeté française », principe énoncé par Philippe d'Iribarne dans une perspective culturaliste : « La société française resterait structurée par une hiérarchie sociale, par les "rangs" dont l'accès serait conditionné par la réussite au sein du système scolaire. L'élite des grandes écoles se serait substituée à la noblesse de l'Ancien Régime. » Le défi consiste à inverser cette tendance qui réserve les postes à responsabilité de notre économie aux seuls enfants de l'élite intellectuelle. Ce sera la clef de voûte de la paix sociale.

Les fausses bonnes solidarités

Pour répondre à ce défi, un principe de rééquilibrage s'instaure actuellement dans de nombreux établissements supérieurs au travers de conditions d'accès réservées aux élèves titulaires de bourses d'études, donc issus de familles à bas revenus. Sciences Po s'est ainsi illustrée depuis plusieurs années de manière volontariste en réservant plus de 10 % de ses places aux étudiants boursiers. Depuis, d'autres écoles emboîtent le mouvement. Les admissions dites « parallèles » visent également une forme d'ouverture à des profils plus diversifiés. Le développement des formations en alternance permet facilite le financement des études lorsque le cursus permet d'organiser un temps partagé entre scolarité et entreprise.

Ces initiatives, bien que positives d'un point de vue élargissement des voies de recrutement, n'en comportent pas moins une interrogation sur le bon niveau de représentativité des quotas, qui sont actuellement définis de manière discrétionnaire, plus que par le reflet de statistiques sociales. Si les classes les plus modestes représentent, selon l'Insee, 20 % de la population totale, plus de 700 000 étudiants du supérieur perçoivent une bourse sur des critères sociaux; ce qui représente 37 % des effectifs dans les formations ouvrant droit à ces bourses. Quel serait alors le bon ratio de mixité et d'ouverture aux origines populaires au sein des grandes écoles? Si l'on en croit l'enquête de Monique Dagnaud et Jean Laurent Cassely dans *Génération surdiplômée* (p. 45), à partir de grandes écoles comme Polytechnique, les écoles normales supérieures ou les trois premières écoles de commerce – HEC, Essec et ESCP, «l'ouverture sociale tant attendue des établissements est loin d'être acquise et les politiques censées y mener se révèlent un chemin de croix».

Malgré ces initiatives, la création systématique de quotas réservés aux étudiants boursiers pourrait paradoxalement autoriser l'augmentation des frais de scolarité au motif que les enfants de ménages moins aisés ne seraient plus pénalisés. Dit autrement, en affichant leur ouverture sociale, les grandes écoles pourraient librement poursuivre l'inflation décomplexée de leurs frais de scolarité observée ces dernières années. Ce qui aggraverait le risque de fracture sociale par la privation mécanique de l'accès aux grandes écoles aux enfants de la classe moyenne qui ne sont pas éligibles à l'octroi des bourses d'études. Sans le sacrifice financier de leurs parents, ces jeunes issus de classes moyennes seraient-ils alors contraints de choisir des études sur des critères de moyens financiers plus que sur leur intérêt professionnel ou que sur leurs résultats d'admissibilité ? Naturellement, face à ces difficultés de financement, ne doutons pas de la capacité du lobby bancaire à venir au secours des étudiants en mal de financement pour justifier le développement des prêts d'études. Mais nous savons que ces emprunts font peser sur ces étudiants, d'origine plus modeste, le poids d'une dette qui reproduirait l'inégalité sociale dès l'entrée dans la vie active en les soumettant aux aléas de la conjoncture économique et du marché de l'emploi.

En somme, s'ils ne sont pas encadrés, les quotas d'admission d'élèves boursiers pourraient encourager paradoxalement les dérives marchandes dont nous parlions en première partie, voire se traduire par des opérations de communication de type « *social washing* ». L'enseignement supérieur constituerait alors un vecteur supplémentaire de polarisation sociale de notre société ; puisque nous aurions, d'un côté, les plus démunis qui ne se battent pas à armes égales dans la préparation aux concours des grandes écoles, mais soutenus par les quotas et, de l'autre, des enfants de parents parfaitement équipés intellectuellement et financièrement pour leur faciliter la scolarité. Entre les deux, restent les enfants de catégories moyennes, condamnés à absorber les ressources de leurs parents pour accéder aux établissements prestigieux — ou onéreux — ou condamnés à placer leur entrée dans le monde professionnel sous le poids d'une dette. Le défi posé à l'enseignement supérieur français ne consiste donc pas moins à opérer une révolution résolument solidaire, et non commerciale, au risque d'américaniser notre système éducatif avec les dégâts majeurs sur le ciment social que nous pouvons dès à présent entrevoir. Nous touchons à cet endroit à un véritable débat de société sur le choix de notre modèle d'éducation supérieure.

Des fabriques de fractures

Pour autant, l'ouverture des grandes écoles à une plus grande mixité sociale ne pourra seule résoudre la fracture qui s'établit progressivement par le travail, entre les élites intellectuelles et le reste de la société. Car, malgré elles, bien qu'elles contribuent largement au développement économique du pays par une formation d'excellence, les grandes écoles fabriquent indirectement de la fracture sociale du fait de la nature des responsabilités auxquelles leurs étudiants sont préparés. Compte tenu des illustrations qui ont précédé, nous ne pouvons clairement pas ignorer que certaines responsabilités des élites impactent directement l'emploi ou les conditions de travail de tous. Je défends donc l'absolue nécessité d'une sensibilisation aux défis sociaux, d'éveiller une capacité à questionner les règles d'un marché mondial dont nous avons tous conscience qu'il est la source de l'augmentation des inégalités. Cette sensibilisation passera inéluctablement par une mutation des contenus d'enseignement, à plusieurs niveaux.

Force est de constater que ce sont bien les modèles économiques comme technologiques contemporains anglo-saxons qui façonnent, voire dominent encore l'essentiel des cursus pédagogiques. Qu'ils soient dispensés dans les disciplines des sciences de l'ingénieur, des méthodes de management, des modèles financiers, voire des politiques publiques, les enseignements du supérieur sont encore largement conçus pour que les futurs diplômés soient immédiatement employables dans le monde économique dominé par la sphère financière et assument leurs rôles génériques d'optimisateurs. Nombreux sont les cours qui s'inspirent des grandes entreprises anglo-saxonnes et érigent leurs célèbres dirigeants et fondateurs en modèles de réussite. Longtemps Jack Welch, le président emblématique de General Electric, a servi de modèle, pour ensuite laisser sa place à Steve Jobs ou à Bill Gates; lesquels sont probablement aujourd'hui détrônés par Elon Musk. Comment imaginer qu'un étudiant qui aura été évalué sur sa capacité à restituer sa compréhension fidèle des *business models* des Gafam puisse entrevoir une autre forme de réussite dans sa propre carrière? La promotion de certains modèles de start-up n'est au demeurant qu'une apologie non déguisée des mêmes systèmes financiers. L'invasion des anglicismes dans les cours sur la gestion d'entreprise ne laisse d'ailleurs guère de doute sur leurs sources d'influence. Nous devons certainement admettre que ces références font partie de la culture générale à acquérir pour nos diplômés. Cependant, j'interroge ici de manière volontairement provocatrice la place accordée à l'abbé Pierre ou à Coluche dans les enseignements en sciences économiques. En vérité, Emmaüs ou Les Restos du cœur ne constituent-ils pas des modèles à part entière de réussite entrepreneuriale et des solutions inspirantes en matière d'impact pour la société ? Le déploiement rapide des offres de formation continue dans l'entrepreneuriat social ou dans le champ de l'ESS, vers lesquelles se précipitent justement des anciens diplômés du supérieur, ne serait-il finalement pas le signe flagrant d'une carence de certains programmes de grandes écoles ?

Mais les cours de gestion d'entreprise ne portent seuls pas le poids du changement. Car, plus généralement, c'est la place prédominante accordée à toutes les formes de disciplines quantitatives qui renforce l'incompréhension des étudiants pour la cause sociale comme pour ses fractures. Sans sombrer dans un anti-américanisme primaire, en formant nos élites sous le seul angle de l'efficience économique, j'observe que les enseignements façonnent en miroir les modèles de pensée basés sur la primauté de la performance ; laquelle se résume strictement à la perspective financière. En raison de ces orientations pédagogiques, nos élites ne sont ainsi tout simplement pas préparées à entendre les crises sociales, mais à les créer. Ces partis pris d'apprentissage formatent donc directement les choix d'orientation et les modèles de carrière qui seront privilégiés par les futurs diplômés. Pour preuve, l'attirance des jeunes diplômés pour les postes qui leur permettront de déployer leurs aptitudes intellectuelles dans la sphère financière ne se dément pas au travers du temps. Mon message est très clair sur ce point : ces choix de carrière et de métier sont parfaitement respectables. Ce qui l'est moins : les étudiants qui s'y engagent ne sont pas éveillés à prendre conscience des dégâts sociaux et humains que certains de leurs futurs emplois feront subir à notre société.

Un retour en grâce des sciences sociales

La mutation pour nos grandes écoles – qui se revendiquent « généralistes » – consisterait ainsi pour partie à revaloriser les sciences humaines et sociales, celles qui figurent au rang des disciplines « non quantitatives ». Une telle réorientation des programmes d'enseignement supérieur s'imposerait comme un levier essentiel de reconnexion des futures élites à la société civile en relativisant le poids de la rationalité mathématique. Je considère que la formation de l'élite intellectuelle aux enjeux sociaux revêt la même importance stratégique que son éducation aux défis environnementaux. À l'heure où la transition écologique acquière la reconnaissance attendue dans les programmes universitaires, j'interpelle donc chacun, élèves et corps enseignant, à ne pas oublier dans leurs revendications la place primordiale des sciences sociales qui font également partie des connaissances indispensables à nos futurs décideurs du monde économique et politique. Pour ce faire, il faudrait réserver une place accrue aux disciplines qui traitent des enjeux sociaux et humains, au travers d'enseignements d'ouverture à la pensée critique, à la philosophie, à l'histoire ou à la sociologie, notamment dans les écoles d'ingénieur et de management. À un niveau plus pratique, un étudiant de niveau master ne pourrait entrer dans le monde du travail et y assumer des responsabilités, sans avoir été sensibilisé durant son parcours au dialogue social, aux droits du travail, voire aux droits humains. En quoi la compréhension des inégalités sociales et des mécanismes de solidarité serait-elle hors sujet pour de futurs décideurs ? Concrètement, l'enseignement supérieur doit être un lieu de rééquilibrage des ruptures sociales par une ouverture pédagogique pluridisciplinaire qui relativise le poids des enseignements dans les sciences mathématiques et renforce la place des sciences humaines.

Ces objectifs de bon sens peuvent nous sembler accessibles d'un point de vue pédagogique, mais la résistance est ailleurs. Bien que les humanités soient à présent introduites dans plusieurs cursus de grandes écoles, que des tentatives se mettent en place, notamment sous l'impulsion d'associations patronales et syndicales telles que RDS – Réalités du dialogue social –, j'observe un problème d'acceptation qui repose sur la moindre considération accordée aux sciences humaines et sociales. Ce qui s'explique par une idéologie tournée vers la primauté des mathématiques dans toutes ses déclinaisons disciplinaires, de la physique à la finance, en passant par l'algorithmique ou l'économie. Cette hiérarchie résulte évidemment de notre modèle éducatif. Les étudiants des grandes écoles d'ingénieur et de commerce et des grandes universités en sciences économiques et sociales, doivent en effet très largement leur réussite à leur excellence en maths, comme ce fut décrit au premier chapitre. C'est donc moins la place accordée aux approches sociales qui doit évoluer que la manière donc les cursus valorisent ces disciplines essentiellement « littéraires », pourtant fondamentales à la compréhension du monde. Le retour en grâce des sciences humaines dans les grandes écoles représentera donc un travail de longue haleine. Parmi les établissements qui ont entrepris de faire bouger les lignes, l'école CentraleSupélec fut pionnière dès 2006, en bâtissant un nouveau cursus qui réserve une place significative aux enseignements professionnalisants et d'ouverture, complémentaires aux « techniques de l'ingénieur ». Je fus cependant témoin des résistances qui ne manquèrent pas de contester la légitimité de cette évolution, au motif que « cela pourra s'apprendre plus tard ». Les étudiants eux-mêmes se feront le relais d'un certain dénigrement, qualifiant ces cours à composante de développement personnel d'être « pipeau » ! De fait, au sortir des classes préparatoires biberonnées aux maths et à la physique, entendre parler de connaissance de soi peut ressembler à un véritable choc ! Mais, partant du constat que les notes sont un moteur déterminant de l'engagement de ces étudiants aguerris à la compétition scolaire, une revalorisation des matières dites « sociales » ne pourrait-elle simplement reposer sur une meilleure pondération de ces enseignements dans l'évaluation globale des diplômes ?

Enseigner un management humaniste

Une autre manière, plus opérationnelle, pour l'enseignement supérieur de remplir cet objectif d'ouverture pourrait reposer sur des enseignements systématiques sur le management. Nous savons que de nombreux diplômés du supérieur se destinent, à une étape de leur carrière, à prendre des fonctions d'encadrement dans lesquelles ils seront conduits à orienter directement le contenu et les conditions du travail de centaines, voire de milliers de salariés. Nous savons aussi que les compétences comportementales et cognitives, les «*soft skills*», sont des aptitudes incontournables dans le travail de demain. Et pourtant, je déplore que les organisations qui convoitent ces profils hyperqualifiés conservent des pratiques de recrutement centrées sur l'appréciation des connaissances techniques de leur cursus. La raison vient probablement en partie du fait que les métiers d'encadrement ont logiquement fait les frais de la stratification sociale croissante des organisations, que nous avons évoquée plus haut. En effet, les entreprises ont préféré investir dans les professions d'expertise, et elles ont encouragé une transversalité qui a réduit les niveaux hiérarchiques et augmenté les séparations juridiques. Dans ce mouvement, les postes sont maintenant plus largement conceptuels que managériaux. Les métiers de consultant et *data scientist* n'exigent pas une aussi forte proximité au terrain, que les chefs de chantier ou responsables de force de vente.

Malgré les limites posées par ces sous-traitances en cascade que nous avons vues, nos élites pourraient demain réinvestir leur compétence de liaison. Les fonctions de management représentent à ce titre le rôle essentiel pour créer ce rouage entre les différents niveaux d'une activité, au-delà des périmètres et des statuts. Pour récréer ce «contact», le retour des élites dans les fonctions managériales serait à l'évidence un moyen de réduire la distanciation sociale, tout en replaçant dans le même temps le concret à sa juste place dans leur travail d'abstraction. Je prône donc une remise en valeur des métiers du management.

Ma conception du management ne se limite pas à la gestion des tableaux de bord techniques et financiers. La fonction managériale est avant tout une responsabilité à dimension humaine, voire à vocation humaniste. Pour cette raison, les enseignements sur la gestion d'équipe seront demain des incontournables de la sensibilisation des jeunes diplômés aux enjeux humains. Ils reposent sur une place prépondérance à accorder à la communication et à l'écoute, à la collaboration, à la gestion de la motivation, mais également à l'éthique personnelle et professionnelle afin de préparer aux responsabilités futures. La simple projection d'œuvres cinématographiques, telle que *Ceux qui travaillent* du réalisateur Antoine Russbach, permet de provoquer des débats salutaires sur la place des valeurs morales dans le monde économique. Depuis plus d'une décennie, en qualité de directeur pédagogique, je peux témoigner des marques de reconnaissance de mes anciens élèves sur les bienfaits des enseignements qu'ils avaient reçus par leurs formateurs autour du leadership et de la posture managériale. J'ai la conviction que donner envie aux futurs décideurs d'assumer rapidement un métier de management contribuera à relever les défis sociaux.

Cet enseignement académique ne suffira toutefois pas. Les programmes pédagogiques devront aussi demain favoriser l'ouverture sociale sous l'angle d'expériences pratiques sur le terrain et d'engagements citoyens. Sous réserve que ces initiatives soient significatives dans les cursus, et non cosmétiques, elles permettront de mettre les futurs décideurs au contact du réel et de prendre conscience des responsabilités quand elles influent sur le bien commun. Aujourd'hui, de nombreuses écoles proposent des stages dit « ouvriers » à visée d'expérimentation de tâches plus ingrates et répétitives confiées aux opérateurs et exécutants. Plus répandues dans les écoles d'ingénieur que de commerce, ces périodes de stage me paraissent, au vu des enjeux, souvent trop courtes pour créer une prise de conscience, sans compter que ces stages ne sont parfois pas de véritables immersions dans le milieu ouvrier.

Avec davantage de volontarisme, l'ouverture « sociétale » pourrait prendre forme. Des expériences de durée suffisamment significative dans des associations à but non lucratif, ou dans des ONG, auraient pour avantage de reconnecter au monde réel une jeunesse avantagée et souvent éloignée des souffrances sociales. Ces orientations pédagogiques peuvent d'ailleurs directement trouver leur inspiration dans les exemples de ces multiples associations étudiantes investies dans le champ social et solidaire. Certaines parviennent avec des moyens frugaux à organiser des missions humanitaires d'aide aux populations défavorisées, jusqu'en Afrique ou en Asie. Plus proches de nous, d'autres associations interviennent dans le soutien scolaire aux populations des quartiers difficiles ou aux populations migrantes. Cette force remarquable d'engagement des jeunes étudiants n'attend à mon sens qu'une impulsion de leurs établissements pour prendre une envergure plus marquante et systématique. Ne doutons pas que l'effet d'apprentissage de telles expériences pourra remplacer bien des heures de cours ! Cette perspective d'apprentissage ne s'oppose par ailleurs nullement à de futures carrières dans le monde classique de l'entreprise ou des administrations. Elles pourraient augmenter le niveau de conscience des futurs décideurs quant à l'impact de leurs décisions sur les composantes sociales du travail. Imaginons que, demain, chaque diplômé de grande école ait réalisé un stage d'au moins six mois dans le secteur associatif social et sanitaire à l'issue de son cursus ; j'ai la certitude que le regard de ces élites sur la détresse en serait profondément bouleversé.

À la Nation, l'élite reconnaissante

Pour résumer ce chapitre, éduquer nos futurs diplômés hors de la pensée « mainstream » signifiera donc de donner de l'espace pédagogique à des disciplines moins orientées sur les connaissances « techniques » et rationnelles des métiers de cadres. Ce faisant, l'enseignement supérieur, sans renoncer à sa mission, pourra promouvoir d'autres modèles de carrière, sensibiliser aux impacts sociaux des futures responsabilités, voire relativiser le dogme de l'optimisation financière. En réponse aux inégalités des chances à l'entrée, les grandes écoles et universités pourraient investir dans ces enjeux sociaux – des orientations finalement peu onéreuses, mais dont les effets ne se feront sentir que sur le long terme, au vu des cycles d'évolution professionnelle. Une action au niveau de l'État pourrait parallèlement accélérer et réguler ces orientations mais, là également, cette perspective s'inscrit dans une temporalité qui n'est pas compatible avec l'urgence de ces défis.

Pour cette raison, ceux et celles qui hier ont réussi un long parcours académique grâce à la qualité de notre système éducatif, ont aussi le devoir de s'impliquer au niveau individuel. Pour ce faire, rappelons ce point : tout critiquable et exclusif qu'il soit, le système éducatif français a contribué à la réussite académique et donc sociale de l'élite intellectuelle du pays. Cette dernière aura par conséquent profité des investissements de la Nation dans une éducation de qualité, quasiment gratuite – mais jusqu'à quand ? –, du primaire au secondaire, dans les classes préparatoires, voire jusque dans certaines universités. Les anciens premiers de la classe occupent ainsi, plusieurs années plus tard, des positions sociales privilégiées après avoir profité d'un système scolaire accessible à tous. Ceux qui ont accédé aux plus hauts niveaux dans l'échelle des diplômes doivent désormais, au vu des enjeux de société, se sentir redevables de leurs privilèges envers la Nation.

Nombre de diplômés sont désormais victimes des excès du monde du travail, comme nous l'avons exposé en seconde partie. Ils souffrent en effet de l'impact de leurs responsabilités aux effets parfois dévastateurs pour la planète et pour la dignité humaine, quand ils ne sont pas eux-mêmes emportés dans un déclassement social. Certains quittent alors leur emploi ; une vague de renoncement qui représente une première étape évidente de reconnexion à la société civile et aux réalités sociales, ne serait-ce que par le choix de se mettre soi-même en danger et de se rapprocher ainsi du sort de ceux qui n'ont pas de diplôme ! Cependant, je ne considère pas qu'il faille forcément renoncer à sa trajectoire professionnelle pour être redevable et reconnaissant du privilège tiré de ses études supérieures. Sans que l'élite se détourne de son statut ou de son travail, elle dispose de la capacité de « contre-don », pour reprendre la notion décrite par Jean-Édouard Grésy dans son livre *La Révolution du don*. Cela consisterait à être reconnaissant de ce don que la Nation a accordé au travers des études, en faisant acte à son tour d'un don envers la société. C'est ainsi l'exemple de Christine, cadre dans une compagnie d'assurances, qui choisit l'engagement bénévole en périphérie de son activité professionnelle qu'elle décide de ne pas quitter. Seule décision : se réserver un temps qu'elle n'osait jusqu'alors pas prendre sur son rythme de travail. En rejoignant une association pour la visite aux personnes âgées isolées, elle met à disposition ses capacités et son temps au sein d'une structure de petite taille où elle peut directement constater son impact social. De telles initiatives peuvent désormais même être entreprises sur le temps de travail au travers d'un dispositif comme le mécénat de compétences. On parle ici de sens au travail, non pas dans le cœur même des responsabilités assumées dans le poste salarié, mais dans un rééquilibrage, sans renoncer à son poste. L'exemple de Christine est représentatif de toutes ces bonnes volontés, conscientes de ne pouvoir tout changer, mais qui ont le courage de faire un premier pas concret pour participer aux défis de la société.

Je termine sur une proposition à un niveau plus collectif pour ceux qui appartiennent à ces classes des surdiplômés. Le risque est qu'ils subissent à leur détriment les inéluctables crises sociales qui couvent du fait de cette distanciation du monde du travail. Le temps est venu pour eux de prendre leurs distances avec un ordre social qui les protège, avec un système qui étouffe leur influence et de s'exposer davantage aux défis de la société. S'ils peuvent agir à l'échelle individuelle, comme Christine, ils disposent aussi d'une capacité collective d'influence qui me paraît aujourd'hui négligée : les réseaux d'alumni. Ces associations constatent un essoufflement. L'époque n'est plus à l'entre-soi. L'esprit d'entraide entre pairs ne suffit plus à justifier l'ouverture à la diversité. Une immense opportunité s'offre donc aux associations d'anciens élèves des grandes écoles pour se choisir une mission sociétale qui dépasse le cercle de ses adhérents et s'oblige à un impact au-delà des diplômés. La puissance des anciens élèves, en termes de vivier de compétences, de réseaux d'influence, voire de moyens financiers, serait transformée si elle était mise au service de causes sociales au-delà de leurs intérêts de réseau. Imaginons ainsi que ces alumni interviennent pour le soutien scolaire ou l'insertion dans les quartiers défavorisés, en appui d'acteurs solidaires tels que Article 1 ou Mozaïk RH engagés pour l'égalité des chances ? De multiples formes d'action pourraient remplir cette mission d'utilité publique en mettant à contribution ceux qui « ont réussi à l'école » !

Réduire l'empreinte

De la participation inconsciente au désordre écologique...

La récente crise sanitaire a mis en lumière des travailleurs « de la première ligne » sans lesquels notre économie n'aurait pu fonctionner. Nous avons pris conscience de la valeur de métiers qui ont été dès lors qualifiés « d'essentiels ». Les livreurs, les soignants dans les hôpitaux, les caissières dans les supermarchés ont ainsi été applaudis par une population reconnaissante envers leur contribution vitale à notre (sur)vie collective. Dès lors, un débat a rapidement été lancé sur le décalage manifeste entre les conditions de rémunération de ces agents du terrain et l'utilité incontestable de leur travail. Cette crise systémique a ainsi permis de mieux comprendre la place de ces métiers dits « invisibles ». Mais cette reconnaissance a eu le tort d'opposer ces travailleurs de l'ombre, « les cols bleus », aux « cols blancs » que l'on imaginait protégés des risques sanitaires parce qu'ils n'étaient pas sur le même « front ». Cette représentation du monde du travail, opposant les opérateurs de terrain et leur encadrement, occultait un constat tout aussi essentiel : nos systèmes économiques ne pourraient pas davantage fonctionner sans les fonctions dites « support » des cadres spécialisés. À leur niveau, les postes à responsabilité sont un rouage indispensable des systèmes logistiques, des centres de production, des systèmes informatiques ou des circuits commerciaux. Si l'on met de côté le débat sur les *bullshit jobs* évoqué en seconde partie, les têtes pensantes ne sont certes pas toutes sur le terrain, mais elles occupent un rôle déterminant par leurs tâches de supervision et de décision, à la fois pour faire tourner l'activité et pour permettre tout simplement d'organiser le travail des agents de terrain. Pour cette raison, bien que la question du juste niveau de rémunération de ces emplois très qualifiés puisse aussi se poser, nos systèmes opérationnels s'arrêteraient de fonctionner si certaines de ces têtes pensantes s'arrêtaient de travailler. Les réseaux d'énergie, les chaînes d'approvisionnement alimentaire, les systèmes de santé, les infrastructures de télécommunication, les services de transports publics, les réseaux d'assainissement seraient à l'arrêt même si les agents de terrain restaient sur leur front... Les uns ne peuvent travailler sans les autres. La reconnaissance légitime des travailleurs « d'en bas » ne doit pas nous conduire à mésestimer le rôle indispensable des cadres « d'en haut ».

Toutefois, il existe une différence fondamentale entre les métiers du *front-office* et les métiers du *back-office*. Elle réside dans le mode de contribution à ces systèmes devenus ultra complexes. Si les premiers exécutent, les seconds conçoivent et orchestrent. Les agents de terrain appliquent des schémas d'intervention et des instructions de travail, quand leurs managers participent activement à la conception et la régulation de ces organisations. Ils contribuent donc par leur implication intellectuelle à rendre tous nos systèmes économiques et fonctionnels plus rapides, plus efficients, plus rentables, mais pas toujours plus économes en ressources ou plus respectueux de l'environnement... C'est à cet endroit qu'il faut appliquer un droit d'inventaire.

Les « anciens » pourraient rétorquer qu'ils ne savaient pas, que le réchauffement climatique ne leur était pas connu ou que l'on manquait d'informations sur la dégradation des écosystèmes. Désormais, prétendre ne pas savoir relève du déni, voire de la complicité menant à la destruction de notre planète. Face à ces dérèglements aujourd'hui avérés, qu'ils soient jeunes diplômés ou chefs expérimentés, nul ne peut nier l'évidence de la contribution directe ou indirecte de son travail à des systèmes qui participent à abîmer l'environnement. Car l'accélération du drame écologique qui se joue sous nos yeux résulte incontestablement des immenses progrès technologiques de ces dernières décennies et de l'internationalisation des échanges. Prenons l'exemple très contemporain des développements de l'ère numérique. Pour n'illustrer qu'à partir de ce formidable essor qu'est l'économie de l'immatériel, nous savons qu'elle a provoqué une explosion de l'extraction minière et qu'à l'autre extrémité de la chaîne de valeur, de gigantesques serveurs deviennent une des premières causes du réchauffement de la planète. Comme nous l'avons évoqué au début de cet ouvrage, les élites intellectuelles sont les architectes mêmes de ces progrès et de ces systèmes. Elles participent ainsi à la conception ou à l'exploitation d'infrastructures polluantes dans une économique mondialisée. Il en résulte que la progression continue des consommations d'énergie, l'extraction accélérée des ressources naturelles, fossiles et halieutiques, la destruction de la biodiversité ou l'épuisement des sols par l'agriculture intensive, marqueurs de notre crise écologique, ne sont rendus possibles que par le travail intellectuel de nos élites.

Les crises récentes, sanitaires comme géopolitiques, nous apportent à cet égard des mises en relief particulièrement éloquentes. Du fait des tensions apparues sur certaines chaînes d'approvisionnement, nombre d'entre nous tombent littéralement de l'armoire en découvrant que des produits de première nécessité sont désormais fabriqués à l'autre bout de la planète. Sans doute avons-nous manqué de discernement, mais la dépendance de nos économies apparaît au grand jour pour des matières stratégiques: alimentaires, électroniques, pharmaceutiques ou encore textiles. Ce modèle économique est tout simplement aussi le résultat d'heures de travail de diplômés de haut niveau. Ces derniers ont de manière tout à fait responsable, et sans y voir malice, durant près de trois décennies, permis de délocaliser de multiples fabrications nationales vers des «pays émergents», au premier rang desquels la Chine. Des consultants ont réalisé des études de marché, des ingénieurs ont coopéré avec des sous-traitants locaux pour transférer des savoir-faire, des juristes ont négocié des accords commerciaux, des gestionnaires ont monté des modèles de financement, etc. Mais le résultat écologique est catastrophique. Des productions sont aujourd'hui confiées à des pays sélectionnés pour leurs complaisances à l'égard des nuisances sur l'environnement. Les chaînes logistiques, maritimes ou aériennes de ces produits ont fait exploser l'empreinte carbone unitaire de nos consommations, une fois livrées dans nos entrepôts ou sur les rayons de nos magasins.

Pour cette raison, les cadres vivent aujourd'hui dans une totale dissonance cognitive. Coincés entre leurs compétences intellectuelles qu'ils mettent au service de l'optimisation et de la performance financière, et leurs propres consciences des dérèglements climatiques et écologiques, ils doutent de leur place. Tout « responsable de » est en parfaite capacité de distinguer sa part de responsabilité, directe ou indirecte, dans la destruction des ressources planétaires. Il est une évidence que nombre de diplômés disposent, par leurs missions, de la pleine compréhension des mécanismes qu'ils manipulent. Comme Jérôme, employé d'un service qualité d'une société du secteur agroalimentaire qui confesse : « Je vois bien que je suis un maillon de cette chaîne de la malbouffe. » Bien que les enchevêtrements organisationnels et organigrammes souvent illisibles limitent leur capacité de mesurer « leur propre part », ils peuvent jauger des effets de leurs activités sur l'environnement.

Leurs responsabilités permettent ainsi, par les multiples jeux de contraintes qu'ils pilotent, de mesurer les rouages et les liens qui se jouent entre des sources d'économie, d'un côté, et les empreintes carbone, de l'autre, entre des choix d'efficacité opérationnelle et des coûts écologiques. Bien plus, les diplômés disposent d'une marge d'influence sur le fonctionnement de ces systèmes. Par leurs actes opérationnels, par leurs choix, nos décideurs orientent ou influencent les options d'organisation en termes financiers, en termes sociaux, mais également en termes écologiques.

... à la participation consciente à la transition écologique

Collaboration ou résistance ? Des termes qui n'ont rien d'innocent quand les enjeux relèvent assurément d'un combat pour l'avenir de la planète. Plusieurs postures sont possibles pour les têtes pensantes de nos organisations. Certains cadres supérieurs peuvent très consciemment s'accorder avec une autorité qui ne serait pas encline à opérer les changements sociaux et environnementaux ou à remettre en cause un modèle de production ; ils deviennent dans ce cas complices des dérèglements planétaires. Souvent motivée par des intérêts financiers, cette collaboration repose généralement sur un déni de la réalité. Comment expliquer que des industries, qui emploient tant de cerveaux brillants, puissent encore de nos jours prospérer sur des systèmes totalement destructeurs pour l'environnement ?

L'exemple du glyphosate commercialisé par Monsanto n'est en effet pas qu'une affaire de cupidité d'actionnaires sans scrupule. Le développement industriel est aussi l'affaire de la collaboration consciente de chercheurs et de chimistes qui perfectionnent ces produits nocifs pour détruire les espèces et les sols. Le développement commercial de ce groupe ne pourrait tenir sans la participation active de forces de vente auprès du monde agricole. Enfin, au sein de nos instances régulatrices, aucune des législations complaisantes avec les massacres de ces dérivés de l'agrochimie n'aurait vu le jour sans l'implication de juristes et lobbyistes avertis.

Sans sombrer dans une lecture manichéenne de ces responsabilités, je veux souligner le devoir des élites intellectuelles d'assumer leur pouvoir lorsque leurs convictions personnelles sont en jeu. Dans de nombreux contextes, les lignes managériales sont en position de faire de la résistance active. Elles sont en capacité de créer des alternatives à l'intérieur de leur périmètre de responsabilité, de changer les pratiques, même s'il s'agit de procéder par petites touches volontaristes. Ce pouvoir d'influence dépend naturellement du niveau de responsabilité, néanmoins, tout cadre dispose de marges de manœuvre pour opérer des changements à son échelle. Ainsi, je cite souvent l'exemple de ce stagiaire employé au service Développement durable d'un vaste chantier de construction d'un tunnel au Danemark et qui se fatiguait de se voir remplir des tableaux de bord qui se révélaient être toujours plus « verts ». Après une enquête personnelle, il a réussi à mettre en évidence que les bois spéciaux utilisés pour les coffrages étaient originaires d'un pays d'Afrique et provenaient d'exploitations forestières reconnues comme des menaces pour les essences d'arbres qui étaient utilisées sur son chantier. L'histoire ne dit pas ce que sa direction décida, mais elle prouve que, plus que le pouvoir, ce sont davantage les convictions et les sensibilités personnelles qui vont influer sur les choix opérationnels et permettre de changer « le système ». Naturellement, chacun aura à agir sur une ligne de crête, dont nous savons qu'elle partage, d'un côté, la recherche de la performance financière et, de l'autre, le respect de l'environnement. Pour se rassurer de ces tourments, certains se disent que l'on ne peut tout changer car nous sommes pris dans une spirale et un système global où tout se tient, qu'il n'est pas possible de faire une révolution du jour au lendemain, sans prendre le risque de nuire à leur entreprise, voire d'exposer ses salariés à une perte d'emploi.

Le chantage à l'emploi est à cet égard l'argument massue de certaines organisations pour emporter la résignation face aux arbitrages qui se présentent entre pérennité du business et préservation de la planète. Respecter l'environnement supposerait de supprimer des postes. Si certains vivent dès lors leur position dans une complicité silencieuse, d'autres sont confrontés à une véritable schizophrénie. Mais toute résignation des diplômés s'apparente à une forme de déni de leurs capacités à appréhender la complexité. Comme nous l'avons exposé au premier chapitre, les responsabilités confiées aujourd'hui aux élites reposent sur la manipulation d'abstractions et de paradoxes qui mobilisent leurs intelligences afin de dépasser ces contraintes. Loin de constituer une fatalité, les défis des transformations liés à l'écologie représentent un formidable champ d'opportunités et d'expression pour les capacités de résolution de problèmes et de créativité. La fuite ou la démission systématique des têtes bien faites les plus militantes ne saurait être une réponse satisfaisante, même quand le système dans lequel elles travaillent est polluant. La désertion – quand elle consiste à quitter les employeurs non vertueux – ne résoudra pas seule les désordres écologiques: elle pourrait même les amplifier si ceux qui militent pour le bien de la planète cédaient leur poste à d'autres que les dégâts environnementaux ne font pas sourciller.

Une prison dorée

Pour autant, certains sont confrontés à une telle schizophrénie qu'ils font le choix de partir, comme David, recruté au service Développement d'un constructeur automobile, qui décide de se lancer dans la permaculture; ou encore Anaïs, diplômée d'une école de commerce qui, à moins de trente ans, crée son entreprise dans l'agriculture urbaine. Mais, de mon point d'observation, ce phénomène de désertion ne semble pas dominant. Si l'époque récente de la crise sanitaire a mis en évidence que l'envie de tout plaquer se propageait parmi la population des cadres, la réalité démontre que les passages à l'acte restent marginaux. La perspective de quitter son environnement de travail s'oppose à de fortes peurs; au premier rang desquelles, celle de perdre son statut social. Les cadres se sont en effet accoutumés à attendre en retour de leur travail une reconnaissance financière qui garantit leur confort de vie. Nous savons que le « cadre protecteur » est une prison. Le cycle est le suivant: lorsqu'ils entament leur carrière, les plus diplômés accèdent à une aisance financière et s'accoutument au confort que leur procurent des revenus supérieurs à la moyenne, qui se traduisent concrètement par un « reste à vivre », source d'extras et de loisirs dont ils n'imaginent plus se priver une fois qu'ils y ont goûté. Plus tard, ils se disent que le remboursement de l'emprunt pour la maison ou que les charges d'éducation des enfants leur permettent de s'excuser de rester dans leur cocon professionnel. Car, malgré les sources de stress et d'épuisement, les dissonances cognitives ou la privation d'autonomie, cette prison dorée du train de vie est la limite à la mobilité « hors cadre ». Elle place cette population dans une véritable inertie professionnelle.

Même si l'accumulation monétaire est moins recherchée que la sécurité, bénéficier d'un confort matériel assuré demeure paradoxalement pour ces profils privilégiés, le pire frein à l'exposition au risque de la transition professionnelle. Ainsi, la grande majorité des CSP+, fière de son précieux statut social, redoute la rupture de trajectoire comme une source de perte potentielle de son aisance. Habitués à cette sécurité, les cadres surdiplômés tiennent donc fortement aux conditions offertes par leur statut, et s'accommodent pour la plupart de leurs conflits de valeurs. Les élites intellectuelles les plus engagées pour changer le monde se résignent et renoncent donc à renverser la table, malgré les crises climatiques ou sociales. Pour autant, le message n'est pas de culpabiliser ces choix. D'autant que ces cols blancs ne sont pas démunis de modes d'action pour agir sur le plan écologique. Il est essentiel en effet de ne pas restreindre le potentiel d'impact au seul acte de désertion; d'autant que notre société ne peut pas fonctionner qu'avec des animateurs de La Fresque du climat! Aussi, à tous ceux qui font le choix de ne pas bifurquer, je viens proposer de renoncer, non pas à leur poste, mais à certains attributs attachés à leur statut professionnel, avec des modes d'action vertueux pour la planète. Voici comment.

L'empreinte écologique du statut social

Compte tenu de leurs revenus confortables, les plus diplômés se caractérisent aussi par des niveaux de consommation élevés, tant en valeur qu'en volume, à l'évidence supérieurs à la moyenne de la population. En occultant les variations liées à l'ancienneté ou au secteur, le salaire moyen d'un cadre en 2021 était de 50 000 euros; sensiblement le double de la moyenne nationale. Bien qu'elle n'appartienne pas à ceux que l'on appelle «les 1 % les plus riches», cette population qui gagne bien sa vie participe largement au produit intérieur brut, ce qui n'est qu'un juste retour des choses pour notre économie. Pour autant, faut-il rappeler que les niveaux d'empreinte carbone individuels sont souvent proportionnels aux volumes de consommation?

Aussi, dans une société consumériste où la sobriété n'est pas encouragée en termes de train de vie, les plus privilégiés sont mathématiquement ceux qui participent le plus activement à la dégradation de l'environnement.

Car les actifs surqualifiés peuvent presque « tout se payer ». Ils ne connaissent pas la difficulté de boucler les fins de mois. Avec son « reste à vivre », l'élite possède un train de vie confortable. À cet égard, l'acte de consommer repose pour cette classe sociale, sur un ressort très spécifique puisqu'il peut être paradoxalement moins l'expression d'une frénésie dépensière que la conséquence de son mal-être professionnel ou de ses conditions de travail. En effet, embarqués dans des rythmes de travail intenses et stressants, les cadres vivent leur temps libre comme le seul exutoire pour se faire du bien. Souvent submergés par un travail chronophage, les plus diplômés subissent une accélération du temps dans leur quotidien et disposent finalement d'un temps dit « libre » particulièrement contraint. Ainsi, pour ces profils qui se disent « toujours sous l'eau », l'acte de consommer peut répondre à un besoin de compensation de ce rythme étourdissant qui ne leur laisse que très peu de respiration. C'est donc par une facilité évidente que la consommation de ces élites, parfois compulsive, participe à remplir un vide, par des loisirs, pour savourer un temps qu'elle ne peut s'acheter. Il y aurait donc finalement dans le mal-être des élites une source indirecte de destruction des écosystèmes.

La reconversion du porte-monnaie

Le défi serait d'encourager de nouveaux comportements. Forte de sa sensibilité aux enjeux écologiques, une part croissante des classes sociales aisées fait en effet d'ores et déjà le choix d'orienter ses dépenses vers des consommations alignées avec ses convictions. Il est avéré que les commerces et produits biologiques sont plébiscités par les cadres, qui participent ainsi concrètement au développement d'un modèle de production plus respectueux. Cette tendance vient démontrer que l'élite intellectuelle peut se saisir de manière volontariste de son pouvoir d'achat pour influer sur les changements de société. Dit autrement, quand les élites peinent encore à trancher sur le sens de leur travail, entre collaboration résignée à l'ancienne économie ou résistance pour la préservation des écosystèmes, elle peut de manière totalement autonome trouver de l'utilité en contribuant au bien commun par un changement radical de ses modes de consommation.

Les effets de ces choix volontaristes seraient prodigieux. L'exemple de l'agriculture biologique, qui s'est initialement développée par l'engagement des ménages les plus aisés, démontre que les niveaux de prix deviendront progressivement plus accessibles aux revenus modestes. Mécaniquement, par ce soutien à une agriculture plus responsable et locale, mais aussi au «*Made in France*», ce sont également des créations d'emplois dans cette économie alternative qui pourraient être stimulées, y compris des emplois qualifiés. Car ces secteurs sont désormais porteurs d'opportunités de mobilité pour une élite qui est elle-même en quête d'activités professionnelles plus positives. C'est d'ailleurs ainsi que Julia, jeune ingénieure engagée, commença à travailler dans une coopérative de livraison de repas biologiques dans les cantines, pour évoluer plus tard dans cette même structure grâce à son développement commercial, jusqu'à en devenir associée. En résumé, si le pouvoir d'achat des CSP+ permet de faire émerger des économies vitales pour l'avenir, nous pouvons demain fonder l'espoir que cette même classe sociale soit à l'initiative de nouveaux métiers et de nouvelles solutions compatibles avec la réduction de l'empreinte carbone. Par son porte-monnaie, l'élite démontre qu'elle possède une arme concrète pour condamner certaines pratiques délictueuses envers la planète, pour accélérer l'émergence d'entreprises responsables et favoriser une économie et des emplois locaux. En somme, des diplômés qui changent le monde grâce à leur porte-monnaie !

En prenant conscience qu'ils tirent paradoxalement leur place en grande partie de leur participation à un système qui dérègle la planète, nos actifs les plus diplômés peuvent donc se saisir d'une responsabilité que leur confère leur pouvoir d'achat. Mais il reste un énorme chemin à accomplir : fréquenter les chaînes alimentaires biologiques ne suffit pas. Il ne faut pas exclure que, pour certaines personnes, ces consommations permettent de s'acheter « une bonne conscience ». Car l'élite intellectuelle est encore, pour partie, prisonnière de ses attributs sociaux, que sont ses standards de consommation. Pour des ménages qui ne peinent pas à boucler les fins de mois, il y a un défi à savoir renoncer aux achats superflus, aux dépenses futiles, aux effets de mode, qui participent à l'érosion des écosystèmes. L'illustration la plus flagrante de ces incohérences de comportement est l'empreinte écologique des SUV, véhicules aux dimensions démesurées qui vont à l'encontre d'une logique de sobriété. Qui mieux que les classes aisées peut acheter des biens onéreux dont les attributs poussent à l'excès de consommation et à l'épuisement des ressources naturelles... ? La capacité des plus aisés à savoir renoncer aux signes extérieurs de leur statut social est un enjeu fondamental qu'a très bien exposé Hervé Kempf dans son essai *Comment les riches détruisent la planète*. Pour être pleinement cohérente dans son impact sociétal, l'élite a profondément besoin de renoncer à ses marqueurs sociaux.

Un patrimoine à restaurer

Le pouvoir de l'élite réside aussi dans sa capacité d'épargne. Car, à partir d'un certain nombre d'années d'ancienneté, cette population active perçoit de hauts revenus et accède alors à une capacité d'épargne, de placement et d'investissement. La masse financière en jeu est colossale. Grâce à leur carrière méritante, ils ont accumulé un patrimoine conséquent. L'économiste Thomas Piketty a ainsi qualifié cette population de « classe patrimoniale », qu'il évalue à 10 % de la population et qui dispose d'un patrimoine d'environ 750 000 euros. L'élite pourrait-elle reconvertir ses placements de manière plus responsable et ainsi renoncer à des placements traditionnels dans les produits bancaires et les investissements immobiliers ? Le pas à franchir est cependant plus délicat qu'il n'y paraît.

Ces arbitrages impliqueraient une remise en cause profonde des pratiques de nos anciens bons élèves. Les cadres supérieurs auraient à renoncer à certaines garanties de revenus additionnels, à des perspectives de plus-values et, finalement, à une logique de rentabilité et de sécurité dont ils sont eux-mêmes les bénéficiaires par leur travail et dans leurs emplois. Comme nous l'avons illustré, compte tenu de leurs qualités de gestionnaires évoquées en première partie, les diplômés du supérieur ont développé une compétence particulière dans la recherche du gain ou du rendement financier. Marge, plus-value, bénéfice ou retour sur investissement sont des mots qui font partie de leur quotidien au travail. Or, ils mobilisent également cette compétence professionnelle pour la gestion de leur patrimoine personnel. Ils ont en effet appris par leur travail à savoir analyser les investissements sous l'angle de la profitabilité, et ils reproduisent cette même manière de faire dans leur sagacité pour faire fructifier leurs placements personnels, avec, de surcroît, une habileté certaine à manipuler l'optimisation fiscale. Que ce soit dans des placements dans l'immobilier locatif ou par la souscription de titres financiers, ils adoptent un comportement tout à fait identique, mobilisant cette maîtrise du risque qui façonne leur travail. Changer ces habitudes de placement représente donc pour nos élites un défi de taille. Arbitrer demain pour des produits moins « financiers » viendrait à vent contraire des modèles d'affaires qu'ils entretiennent dans leur propre vie professionnelle !

C'est pourquoi, désormais, il leur appartient d'apprendre à gérer ces patrimoines avec la même sensibilité au destin de la planète et de ses habitants que lorsqu'ils font leurs courses alimentaires au magasin bio du coin. Ce serait un bénéfice majeur pour l'économie que ces fonds personnels puissent s'orienter vers des placements plus éthiques. Des plateformes telles que LITA.co ou MiiMOSA se développent à cet égard pour permettre aux investissements en mal de sens de pouvoir sélectionner des projets à impact social et écologique positifs, tout en bénéficiant d'un contact direct avec des entrepreneurs engagés. Grâce à leurs réseaux professionnels, les cadres supérieurs pourront également accéder à des investissements directs dans des sociétés locales, pour soutenir des activités vertueuses, à condition de ne pas restreindre cette approche de type « mécène » aux investissements dans les start-up numériques – qui sont parfois une répétition à petite échelle des lois de la finance mondialisée. Le CRA – Cédants et repreneurs d'affaires, organisme spécialisé dans la cession et la reprise d'entreprises – constate ainsi depuis de nombreuses années, la carence de repreneurs, de même que de sources de financement, pour répondre à l'enjeu de la cession à venir de plus de 80 000 petites entreprises, du fait du départ en retraite de leurs dirigeants, avec pour enjeu la préservation d'un million d'emplois et de savoir-faire ancrés dans le tissu économique de nos territoires. La force d'engagement des élites dans cette capacité à soutenir des projets en dehors des circuits financiers classiques, est réelle mais elle a besoin d'être sollicitée, comme le prouvent toutes ces expériences d'ouverture d'écolieux au travers de financements participatifs. J'ai personnellement lancé un projet de création d'un centre de formation pour le sens au travail, en région parisienne, en mobilisant plus d'un million d'euros grâce au seul soutien financier de dizaines de particuliers, sensibles au placement de leur argent dans un projet tangible et dont ils peuvent éprouver de la fierté.

Il y a par conséquent un enjeu écologique comme social à renoncer à tout calcul de placement au seul filtre du sacro-saint retour sur investissement – le « ROI », *Return on Investment*. S'ils reprochent à leurs employeurs de sacrifier la planète sur l'autel de la performance financière, nos premiers de la classe vont devoir s'appliquer à eux-mêmes le principe de vertu et s'affranchir de la logique du « rendement pour le rendement ». Ces cadres à hauts revenus ont ainsi le pouvoir de reconvertir leurs placements bancaires dont nous savons qu'ils sont souvent les rouages d'une spéculation financière qui ravage nos écosystèmes et répand les crises sociales. Mieux, en prenant le pouvoir par leurs placements, c'est une profonde reconnexion des plus aisés avec la société civile qui peut se déclencher, bien plus qu'au travers des plaquettes vernies des fonds spéculatifs opaques de certaines banques. Voici donc une manière de ne pas quitter un emploi confortable, de ne pas mettre en risque sa situation sociale, en mobilisant son patrimoine comme une arme efficace contre les dérèglements de notre société.

Une arme de construction massive

Le pouvoir d'achat des élites est par conséquent une arme de construction massive d'une nouvelle économie, vers des produits et des services plus responsables, plus locaux, socialement et écologiquement. Les plus aisés disposent en effet de la liberté de placer leur argent, d'investir leur patrimoine ou de consommer autrement, sans nuire à son niveau de vie. Si le monde du travail ne peut leur laisser une totale latitude pour enrayer l'engrenage de la destruction de la planète, les CSP+ qui ne se reconnaissent pas dans ce système ultralibéral, détiennent donc un pouvoir autonome d'achat ou d'investissement pour le bien commun. Leur niveau de vie leur en laisse souvent la possibilité, pourvu que cette classe patrimoniale change de « logiciel » de placement. Cette réallocation des patrimoines constitue donc une immense source d'espoir.

Pour autant, soyons conscients que cette population marquée par l'obsession de la rentabilité, sera réticente à prendre des risques alors qu'elle dispose de niveaux de sécurité que d'autres n'auront jamais. La tentation d'accumulation ou l'appât du gain est une réalité, bien que ces comportements à l'extrême alimentent un modèle économique que ces mêmes profils condamnent.

L'incitation fiscale dont elle est friande peut naturellement orienter ces flux économiques vers des achats plus vertueux ou des investissements «responsables», mais ces motivations ne correspondraient finalement plus à des buts mercantiles et optimisateurs, sinon à des envies profondes d'impact. C'est pourquoi ce pouvoir d'achat doit être désormais regardé comme faisant partie des responsabilités sociétales de cette élite intellectuelle, s'appuyant sur une reconversion non pas professionnelle mais financière, alignée sur ses valeurs et en fonction des enjeux de société auxquels elle est devenue sensible.

À L'HEURE DES CHOIX

Sortir de l'ordinaire

FAISONS UN RÊVE. Imaginons ensemble ce qu'il adviendrait si... si les bons élèves faisaient l'effort de choisir leur orientation professionnelle sur des critères d'impact et de préservation de leur santé, plus que par conformisme à ce qu'il y a de mieux au regard des normes sociales; si les plus qualifiés du monde du travail se sentaient reconnaissants envers ce système éducatif qui a permis leur réussite sociale, par une solidarité active contre les dérèglements sociaux, dont ils sont épargnés mais qu'ils alimentent par leurs rôles professionnels; si les « cadres sup' » réorientaient leurs habitudes de consommation et de placements financiers pour les convertir en actes militants impulsant des transformations sociétales, hors des circuits spéculatifs. Faisons ce rêve. Je crois que les déséquilibres de notre société en seraient très fortement atténués. Mais voici que nous nous réveillons. Ce rêve nous apparaît alors comme une utopie parce que nous avons conscience de tous ces freins qui l'empêchent de se réaliser. Nous voyons la résignation prendre le dessus pour ces élites face à toutes ces peurs de perdre statuts, conforts, emplois et reconnaissances. Nous constatons avec impuissance l'influence de ces forces de rappel qui les contiennent dans un statu quo… N'y aurait-il donc aucun sursaut possible ?

J'ai souhaité par cet ouvrage entrer dans la peau de toutes ces personnes bien diplômées, décrire sans complaisances les dérives notoires de leur quotidien au travail et montrer sans filtre toutes ces désillusions auxquelles elles se confrontent malgré elles. L'hypertrophie de la sphère d'abstraction, l'accélération des cadences de travail, la propagation de l'épuisement mental ou des dissonances cognitives sont une remise en question profonde de ces promesses d'avenir doré qui ont motivé leur parcours vers des études prestigieuses. J'ai également pointé la responsabilité de ces élites elles-mêmes dans ce délitement de leurs conditions de travail. Plus qu'une prise de conscience sur ces tendances incontestables, je voulais aussi mettre en lumière cette accoutumance qui nous gagne. Nous finissons tous par nous habituer à ces malaises qui envahissent le travail des cadres. Les hypocrisies sur le bonheur ne nous étonnent plus, les burn-out deviennent une normalité, la complicité avec la destruction de notre planète serait devenue inévitable, le chômage serait une étape naturelle de tout parcours d'un titulaire d'un master. Ainsi, comme je l'ai exposé ici à partir de mes multiples points d'observation, la voie toute tracée par les diplômes se transformerait en une voie toute cassée, faite d'incertitudes et d'inconforts qu'il faudrait accepter parce qu'en contrepartie chacun y gagne bien sa vie. Ce constat n'est naturellement pas satisfaisant car il se traduit par des dégâts collatéraux humains et écologiques majeurs. Je voudrais donc par cet ouvrage provoquer une réflexion, afin que ceux qui subissent ces contextes sortent de cette léthargie dont notre modèle économique s'accommode parfaitement.

« Il est plus facile de sortir de Polytechnique que de sortir de l'ordinaire. » J'ignore le message que Charles de Gaulle souhaitait passer par cette citation quelque peu provocatrice, mais ce serait la formule qui résumerait le mieux ce qui se joue à mon sens pour l'élite intellectuelle. Elle lui propose une invitation à sortir des rangs dans le respect d'une métaphore militaire qui est tout à fait à propos ! Car l'idée n'est pas en effet de contester la valeur des diplômes, mais plus profondément de suggérer que ceux qui ont fait de belles études apprennent à s'écarter des destins professionnels conventionnels auxquels ils sont préparés, ou du moins développent d'autres manières de penser. Discrets, disciplinés ou réservés sont des qualificatifs que j'ai pu employer à l'attention des profils surdiplômés décrits au cours des chapitres de cet essai. La loyauté et le respect à l'autorité sont en effet des valeurs fondatrices des comportements des élites, du fait de leurs parcours scolaires. Ces valeurs sont saines, sauf qu'elles ont pour conséquence de formater la docilité dans les relations professionnelles. La plupart des bons élèves ne se font pas remarquer et ne manifestent pas ouvertement leurs différences. C'est pourquoi nombre d'entre eux font le dos rond face à ces épreuves dans leur travail. La prise de parole est mesurée. Leur monde du travail ressemble d'ailleurs, par certains côtés, à une vaste scène de théâtre où chacun joue un rôle codifié selon ce qui est attendu de lui. Ceci se vérifie dans tous les univers, même ceux qui revendiquent de s'affranchir des modèles « à papa » ! La règle est d'endosser le costume, ou le tee-shirt, pour appliquer les codes vestimentaires de son environnement, adopter un vocabulaire normé et respecter les rituels et codes culturels de sa profession.

Au final, habitués à se fondre dans le moule, la plupart des cadres n'expriment pas leur singularité. C'est ainsi que je comprends la citation du général de Gaulle. Elle nous permet de mesurer que les conditions du sursaut ne sont pas inscrites dans l'ADN des officiers du monde économique.

Parce que nous nous sommes accoutumés à cette identité disciplinée, nous regardons aujourd'hui de nouvelles manifestations avec étonnement. Certains sont choqués de ces cérémonies de remise de diplômes devenues des tribunes de critique du système des grandes écoles ou de condamnation des entreprises pour leur inaction climatique. D'autres s'amusent des départs au vert de ces cadres urbains privilégiés. Aux yeux de leurs entourages, les reconversions de surdiplômés vers des métiers improbables et radicalement opposés à leur formation initiale seraient de l'inconscience. Car nous ne sommes pas habitués à ces « sorties du cadre » de la part des élites universitaires. Jusqu'à fort récemment, cette population était presque invisible aux yeux du grand public. Or, voici qu'elle prend la parole. Voici que les bons soldats sortent de l'ordinaire ! Les médias leur accordent même un écho particulier, se faisant le relais de leurs quêtes de sens. De surcroît, les propos ne sont généralement pas tendres avec ce système qui, pourtant, les convoite depuis des décennies.

Pendant la récente crise sanitaire, le « monde d'après » a fait couler beaucoup d'encre chez ces élites intellectuelles. Traduisant leur révolte profonde contre les désordres des systèmes économiques, elles se sont à cet égard largement exprimées sur les réseaux sociaux ou dans la presse pour réclamer un nouveau modèle de société. Ces contestations ont d'autant plus surpris que ces élites semblaient scier la branche sur laquelle elles étaient assises. Mais, à bien y regarder, ces tendances sont en germe depuis une période plus ancienne – de mon expérience, depuis plus d'une dizaine d'années. Sans doute ont-elles atteint un niveau d'audience suffisant pour que, désormais, ce phénomène rebelle devienne visible de tous. Dans cette mouvance, on observe d'ailleurs l'émergence d'un univers propre à cette part contestataire des élites, avec des médias indépendants comme *Socialter* ou *Welcome to the Jungle* qui font de l'ombre aux médias mainstream, ou des plateformes d'emploi à impact, telles que Jobs that make sense ou Shift Your Job, qui déroutent les grands employeurs de l'économie traditionnelle. Toutes ces formes d'expression nous montrent que la réserve légendaire des bons élèves fait désormais place à une critique ostensible du système dont elle dépend. Cette schizophrénie témoignerait-elle malgré tout du début du réveil ?

Une nouvelle voie royale

Ces signes d'émancipation, quoiqu'éloquents et radicaux, ne sont encore que des initiatives éparses. Des centaines de milliers de diplômés du supérieur ne s'identifient pas à ces postures revendicatives ; du moins, ils ne sont pas disposés à leur emboîter le pas. Au demeurant, « quitter le système » ne suffira pas à le faire changer de l'intérieur. Il faudra un mouvement bien plus massif pour transformer ce monde du travail à bout de souffle. En effet, quoique véhémentes, ces critiques ne freinent pas le rouleau compresseur de la financiarisation de l'économie, cette fuite en avant vers la performance financière à tous crins et sa technicisation destructrice, qui alimente cette spirale de la perte de sens du travail des plus diplômés. Même si des voix virulentes s'élèvent pour pointer ses dérives, rien à ce jour n'infléchit l'appétit de cette économie vorace. Il suffit pour s'en convaincre de constater combien, au sortir de la crise sanitaire et de ses appels à « changer le monde », nos systèmes économiques du « monde d'avant » sont repartis de plus belle, avec avidité, pour rattraper le temps perdu et reconquérir les marges érodées, entraînant ainsi une amplification des situations d'épuisement des lignes managériales, une aggravation de la saturation mentale des équipes et des justifications encore plus décomplexées du contrôle maladif des performances.

Et pourtant, bien que peu sensible aux états d'âme de ses cadres dévoués, ce monde ultralibéral a grandement besoin de têtes pensantes pour exister. Les chapitres qui précèdent ont démontré combien la complexité croissante de nos systèmes économiques et institutionnels dépendait de l'implication intellectuelle des cerveaux rompus à l'abstraction. L'interdépendance fulgurante de nos modèles de production et de consommation ne peut fonctionner sans l'agilité des plus qualifiés. Toutes les organisations – quelles que soient leur nature – sont condamnées à employer des diplômés de haut niveau pour survivre dans ce contexte d'accélération effrénée. L'internationalisation à outrance des échanges, les avancées fulgurantes des innovations technologiques et de l'IA, la sophistication illimitée de l'économie de services appuient leurs développements sur la mobilisation incontournable d'ingénieurs, de juristes, de commerciaux, d'analystes, de consultants et de cadres administratifs, formés aux techniques et aux concepts les plus élaborés de notre époque. Sans le travail des premiers de la classe, il est impossible à ce monde placé sous perfusion de la finance et des rigueurs budgétaires d'aller plus vite, de gagner plus et de croître. Et c'est à ce niveau qu'il me semble aujourd'hui possible de renverser l'engrenage pervers dans lequel ils sont aspirés malgré eux. Ce rapport de force qui leur est favorable doit leur permettre de prendre conscience que rien ne les oblige à subir – ce qui leur octroie un formidable pouvoir.

En vérité, à force de s'être laissés porter par les opportunités qui se présentaient à eux, à trop se contenter de choisir la « meilleure » voie par défaut, à trop accepter des contextes de travail abrutissants en contrepartie de conditions sociales privilégiées, les bons élèves sont entrés dans une véritable léthargie qui se retourne contre eux. L'ennemi a été cette facilité avec laquelle ils ont réussi leurs études et avec laquelle – bon an mal an – se déroulent leurs carrières; cette facilité – qui ne signifie pas qu'il n'y a pas eu d'effort ou de mérite – a privé ces cadres de toute faculté à poser des actes en dehors de leurs étiquettes académiques et sociales. Voici donc pourquoi les plus armés et courtisés du monde économique ont oublié qu'ils disposaient d'un remarquable levier d'influence. Cet acquis majeur de tout parcours hyperqualifié, qu'est cette liberté de choix, a été mis en sommeil. Ils ont travaillé dur pour détenir un pouvoir qu'ils n'exercent pas, et qu'ils ont sacrifié sur l'autel de la sécurité et du confort – à tort.

Le véritable réveil des élites intellectuelles viendra par conséquent du moment où, collectivement, elles affirmeront ce pouvoir vis-à-vis du monde du travail. Ce rapport de force qui leur sera d'ailleurs de plus en plus favorable, leur accorde un réel droit de dire «non!». Naturellement, cela suppose de se mettre en danger, de prendre position, de prendre des risques ou de renoncer. La liberté est à ce prix. Lorsque les cols blancs refuseront de travailler dans des environnements toxiques pour leur santé, lorsque les bons soldats cesseront de coopérer de manière complaisante avec des décisions qui alimentent les dérèglements écologiques, lorsque les plus gradés arrêteront de se laisser hypnotiser par des avantages statutaires en contrepartie de leur silence, alors le système économique et social sera forcé de changer. À ce seul prix, d'une affirmation par les plus diplômés de leur pouvoir de choisir, le monde du travail sera condamné à remettre en question ses dérives. Parce que ce système, notre modèle de société, a fondamentalement besoin de cerveaux ! Ce qui manque donc aujourd'hui à cette population bardée de diplômes, c'est de s'autoriser à inverser la courroie d'entraînement qui l'aspire contre sa volonté vers des fonctionnements qui appartiennent à un paradigme, notoirement financier, qu'elle rejette dans sa grande majorité. Le pas à franchir est donc à sa portée. Il n'y a pour les cadres aucune fatalité à se perdre dans ces contextes néfastes à leur épanouissement professionnel, à leur santé et au climat. Rien ne condamne les têtes bien faites à accepter les incohérences et les nuisances de leurs contextes de travail. L'espoir réside donc sur les épaules de ceux et celles qui ont ces compétences de haut niveau et leur capacité à enfin dicter les conditions de leur investissement intellectuel dans le système.

C'est à ce niveau que j'entrevois un sursaut possible. On pourra m'opposer le spectre du chômage, les charges de famille ou d'emprunts, ou le poids de la reconnaissance sociale. Mais prenons de la hauteur sur ces réserves individualistes. Parce qu'ils sont justement protégés par leurs diplômes et par leurs aptitudes irremplaçables et indispensables, ils ne risquent finalement rien. Fondamentalement, le monde du travail, malgré ses cycles, leur tend les bras. Toutefois, ce message ne sous-entend ni un appel au sacrifice, ni une invitation à l'obstruction. Le sursaut ne consiste nullement à faire l'apologie des ruptures radicales. Ce serait une grave erreur de mon point de vue, d'imaginer que ce pouvoir s'exerce par la seule remise en cause systématique des modèles traditionnels. Sortir des rangs, c'est mobiliser ses forces intellectuelles au service d'une utilité sociétale, choisir son orientation professionnelle sans dogme, mettre de la cohérence entre ses convictions et ses actes au travail comme dans la vie publique. Bien plus que de dire non, il s'agit ainsi pour les cadres de prendre enfin la parole dans tous les champs de la société : économiques, médiatiques, sociaux, universitaires ou politiques. Nous l'avons compris, il n'y a pas de voie unique, car il n'y a plus de voie toute tracée. Le réveil ne se limite pas à renoncer aux rituels du passé, mais à assumer des convictions personnelles pour revendiquer les conditions de son implication au travail. Dans le cas contraire, cela reviendrait à répéter ces choix par défaut qu'ont suivis les anciens. Nous vivons une incontestable période de transition. Il faut la regarder comme une phase d'apprentissage plus que comme la quête d'un nouveau modèle universel qui émergerait et qu'il suffirait d'appliquer. Le défi consiste justement pour l'élite intellectuelle à ne pas s'enfermer dans des postures identitaires et exclusives.

La nouvelle voie royale pour les cadres sera donc celle de l'exercice de leur liberté.

Bibliographie

Caillé, Alain et Grésy, Jean-Édouard, *La Révolution du don : Le management repensé à la lumière de l'anthropologie*, Le Seuil, 2014.

Cassely, Jean-Laurent, *La Révolte des premiers de la classe : Changer sa vie, la dernière utopie*, Arkhé, 2017.

Castanet, Victor, *Les Fossoyeurs*, Fayard, 2022.

Chauvel, Louis, *La Spirale du déclassement : Essai sur la société des illusions*, Le Seuil, 2016.

Clot, Yves, *Le Travail à cœur : Pour en finir avec les risques psychosociaux*, La Découverte, 2015.

Coutrot, Thomas et Perez, Coralie, *Redonner du sens au travail : Une aspiration révolutionnaire*, Le Seuil, 2022.

Crawford, Matthew B., *Éloge du carburateur : Essai sur le sens et la valeur du travail*, La Découverte, 2016.

Dagnaud, Monique et Cassely, Jean-Laurent, *Génération surdiplômée : Les 20 % qui transforment la France*, Odile Jacob, 2021.

DUPUY, François, *Lost in management : La vie quotidienne des entreprises au XXIe siècle*, Le Seuil, 2011.

ELLUL, Jacques, *Le Bluff technologique*, Hachette, 1988.

GAULEJAC, Vincent de, *Travail, les raisons de la colère*, Le Seuil, 2011.

GRAEBER, David, *Les Bullshit jobs*, Les Liens qui libèrent, 2018.

KAYSER-BRIL, Nicolas, *Imposture à temps complet : Pourquoi les* bullshit jobs *envahissent le monde*, Éditions du Faubourg, 2022.

KEMPF, Hervé, *Comment les riches détruisent la planète*, Le Seuil, 2007.

MÉDA, Dominique et VENDRAMIN, Patricia, *Réinventer le travail*, PUF, 2013.

MILLER, Marine, *La Révolte : Enquête sur les jeunes élites face au défi écologique*, Le Seuil, 2021.

POCHON, Sarah, *Derrière la grande porte : Une année à Henri-IV*, Le Détour, 2021.

SUPIOT, Alain, *La Gouvernance par les nombres : Cours au Collège de France (2012-2014)*, Fayard, 2015.

Remerciements

De nombreuses personnes ont contribué, pour la plupart sans le savoir, à la genèse de ce livre. Comme il est impossible de toutes les nommer, je fais le choix de les présenter ici selon les périodes où je les ai croisées, selon les cercles qui nous ont rassemblés. Les premiers sont tous mes élèves de l'école Centrale Paris – renommée CentraleSupélec – qui, depuis quinze ans, par leurs projets et soutenances, ou nos conversations, ont alimenté plus qu'ils ne le pensent mes réflexions sur les enjeux du travail. Parallèlement, j'ai une pensée pour tous les « primavéristes », les élèves de l'école Primaveras. Leurs récits sincères ont permis de conforter mes analyses et lectures, et m'ont donné la force de porter la voix de ces cadres invisibles. Dans le même temps, je témoigne ma gratitude envers toute l'équipe de l'école. En partageant son travail d'accompagnement des quêtes de sens au travail, chaque membre m'aura apporté une connaissance fine du désarroi de ces trajectoires désorientées. Et puis, je me souviens de tous ces liens que la vie m'a permis de nouer, au travers des amis, des collègues, aussi des partenaires comme des clients. Je tiens à les saluer collectivement, pour ces instants de travail, ces moments de convivialité qui ont déclenché mes prises de conscience et consolidé mes convictions.

Ce livre n'aurait naturellement pas pu voir le jour sans la rencontre avec mon éditeur, et sans la confiance des relecteurs du manuscrit qui m'ont invité à ne pas renoncer ! Enfin, je termine ce livre en remerciant Asma pour ses encouragements constants, nos conversations passionnées sur les défis de notre époque, notre désir commun d'œuvrer pour eux.

Table des matières

Composition et mise en pages
Nord Compo à Villeneuve-d'Ascq